# TRANZLATY

## La Langue est pour tout le Monde

## Limba este pentru toată lumea

# L'appel de la forêt

## Chemarea Sălbăticiei

## Jack London

## Français / Română

## Dans le primitif
## În primitiv

**Buck ne lisait pas les journaux**
Buck nu citea ziarele.
**S'il avait lu les journaux, il aurait su que des problèmes se préparaient.**
Dacă ar fi citit ziarele, ar fi știut că se apropie necazuri.
**Il y avait des problèmes non seulement pour lui-même, mais pour tous les chiens de la marée.**
Nu existau necazuri doar pentru el, ci pentru fiecare câine de la Tidewater.
**Tout chien musclé et aux poils longs et chauds allait avoir des ennuis.**
Orice câine puternic mușchi și cu păr lung și cald urma să aibă probleme.
**De Puget Bay à San Diego, aucun chien ne pouvait échapper à ce qui allait arriver.**
De la Golful Puget până la San Diego, niciun câine nu putea scăpa de ceea ce urma să se întâmple.
**Des hommes, tâtonnant dans l'obscurité de l'Arctique, avaient trouvé un métal jaune.**
Bărbați, bâjbâind în întunericul arctic, găsiseră un metal galben.
**Les compagnies de navigation et de transport étaient à la recherche de cette découverte.**
Companiile de transport cu aburi și nave cu aburi urmăreau descoperirea.
**Des milliers d'hommes se précipitaient vers le Nord.**
Mii de bărbați se năpusteau spre Țara Nordului.
**Ces hommes voulaient des chiens, et les chiens qu'ils voulaient étaient des chiens lourds.**
Acești bărbați își doreau câini, iar câinii pe care și-i doreau erau câini grei.
**Chiens dotés de muscles puissants pour travailler.**
Câini cu mușchi puternici cu care să trudească.

**Chiens avec des manteaux de fourrure pour les protéger du gel.**

Câini cu blană pentru a-i proteja de îngheț.

**Buck vivait dans une grande maison dans la vallée ensoleillée de Santa Clara.**

Buck locuia într-o casă mare în Valea Santa Clara sărutată de soare.

**La maison du juge Miller s'appelait ainsi.**

Casa judecătorului Miller, casa lui era numită.

**Sa maison se trouvait en retrait de la route, à moitié cachée parmi les arbres.**

Casa lui stătea departe de drum, pe jumătate ascunsă printre copaci.

**On pouvait apercevoir la large véranda qui courait autour de la maison.**

Se putea zări veranda largă care înconjura casa.

**On accédait à la maison par des allées gravillonnées.**

Se intra în casă pe alei pietruite.

**Les sentiers serpentaient à travers de vastes pelouses.**

Cărările șerpuiau prin peluze întinse.

**Au-dessus de nos têtes se trouvaient les branches entrelacées de grands peupliers.**

Deasupra se înălțau crengile împletite ale plopilor înalți.

**À l'arrière de la maison, les choses étaient encore plus spacieuses.**

În spatele casei lucrurile erau și mai spațioase.

**Il y avait de grandes écuries, où une douzaine de palefreniers discutaient**

Erau grajduri mari, unde o duzină de miri stăteau de vorbă

**Il y avait des rangées de maisons de serviteurs recouvertes de vigne**

Erau rânduri de căsuțe ale servitorilor acoperite cu viță de vie

**Et il y avait une gamme infinie et ordonnée de toilettes extérieures**

Și exista o serie nesfârșită și ordonată de latrine

**Longues tonnelles de vigne, pâturages verts, vergers et parcelles de baies.**

Pergole lungi de viță de vie, pășuni verzi, livezi și pășuni de fructe de pădure.

**Ensuite, il y avait l'usine de pompage du puits artésien.**

Apoi a fost stația de pompare pentru fântâna arteziană.

**Et il y avait le grand réservoir en ciment rempli d'eau.**

Și acolo era rezervorul mare de ciment umplut cu apă.

**C'est ici que les garçons du juge Miller ont fait leur plongeon matinal.**

Aici și-au făcut băieții judecătorului Miller saltul de dimineață.

**Et ils se sont rafraîchis là-bas aussi dans l'après-midi chaud.**

Și s-au răcorit și acolo în după-amiaza fierbinte.

**Et sur ce grand domaine, Buck était celui qui régnait sur tout.**

Și peste acest mare domeniu, Buck era cel care îl stăpânea pe tot.

**Buck est né sur cette terre et y a vécu toutes ses quatre années.**

Buck s-a născut pe acest pământ și a locuit aici toți cei patru ani ai săi.

**Il y avait bien d'autres chiens, mais ils n'avaient pas vraiment d'importance.**

Într-adevăr, existau și alți câini, dar nu contau cu adevărat.

**D'autres chiens étaient attendus dans un endroit aussi vaste que celui-ci.**

Se așteptau și alți câini într-un loc atât de vast ca acesta.

**Ces chiens allaient et venaient, ou vivaient à l'intérieur des chenils très fréquentés.**

Acești câini veneau și plecau sau locuiau în canise aglomerate.

**Certains chiens vivaient cachés dans la maison, comme Toots et Ysabel.**

Unii câini locuiau ascunși în casă, cum făceau Toots și Ysabel.

**Toots était un carlin japonais, Ysabel un chien nu mexicain.**

Toots era un mops japonez, iar Ysabel o câine mexicană fără păr.

**Ces étranges créatures sortaient rarement de la maison.**

Aceste creaturi ciudate ieșeau rareori din casă.

**Ils n'ont pas touché le sol, ni respiré l'air libre à l'extérieur.**

Nu au atins pământul și nici nu au adulmecat aerul liber de afară.

**Il y avait aussi les fox-terriers, au moins une vingtaine.**

Mai erau și fox terrieri, cel puțin douăzeci la număr.

**Ces terriers aboyaient férocement sur Toots et Ysabel à l'intérieur.**

Acești terrieri lătrau aprig la Toots și Ysabel înăuntru.

**Toots et Ysabel sont restés derrière les fenêtres, à l'abri du danger.**

Toots și Ysabel au rămas în spatele ferestrelor, la adăpost de orice pericol.

**Ils étaient gardés par des domestiques munies de balais et de serpillères.**

Erau păziți de menajere cu mături și mopuri.

**Mais Buck n'était pas un chien de maison, et il n'était pas non plus un chien de chenil.**

Dar Buck nu era câine de casă și nici câine de canisă.

**L'ensemble de la propriété appartenait à Buck comme son royaume légitime.**

Întreaga proprietate îi aparținea lui Buck ca tărâm de drept.

**Buck nageait dans le réservoir ou partait à la chasse avec les fils du juge.**

Buck înota în bazin sau mergea la vânătoare cu fiii judecătorului.

**Il marchait avec Mollie et Alice tôt ou tard le soir.**

Se plimba cu Mollie și Alice la primele ore sau la sfârșitul nopții.

**Lors des nuits froides, il s'allongeait devant le feu de la bibliothèque avec le juge.**

În nopțile reci, stătea întins în fața focului din bibliotecă împreună cu judecătorul.

**Buck a promené les petits-fils du juge sur son dos robuste.**

Buck i-a călărit pe nepoții judecătorului pe spatele său puternic.

**Il roula dans l'herbe avec les garçons, les surveillant de près.**

Se rostogolea prin iarbă cu băieții, păzindu-i îndeaproape.

**Ils s'aventurèrent jusqu'à la fontaine et même au-delà des champs de baies.**

S-au îndrăznit să meargă până la fântână și chiar pe lângă câmpurile de fructe de pădure.

**Parmi les fox terriers, Buck marchait toujours avec une fierté royale.**

Printre fox terrierii, Buck umbla întotdeauna cu o mândrie regală.

**Il ignora Toots et Ysabel, les traitant comme s'ils étaient de l'air.**

I-a ignorat pe Toots și Ysabel, tratându-i ca și cum ar fi fost aer.

**Buck régnait sur toutes les créatures vivantes sur les terres du juge Miller.**

Buck domnea peste toate creaturile vii de pe pământul judecătorului Miller.

**Il régnait sur les animaux, les insectes, les oiseaux et même les humains.**

El a domnit peste animale, insecte, păsări și chiar peste oameni.

**Le père de Buck, Elmo, était un énorme et fidèle Saint-Bernard.**

Tatăl lui Buck, Elmo, fusese un Saint Bernard uriaș și loial.

**Elmo n'a jamais quitté le juge et l'a servi fidèlement.**

Elmo nu s-a depărtat niciodată de judecător și i-a slujit cu credință.

**Buck semblait prêt à suivre le noble exemple de son père.**

Buck părea gata să urmeze exemplul nobil al tatălui său.

**Buck n'était pas aussi gros, pesant cent quarante livres.**

Buck nu era chiar atât de mare, cântărind o sută patruzeci de kilograme.

**Sa mère, Shep, était un excellent chien de berger écossais.**

Mama lui, Shep, fusese un excelent câine ciobănesc scoțian.

**Mais même avec ce poids, Buck marchait avec une présence royale.**

Dar chiar și cu greutatea aceea, Buck pășea cu o prezență regală.

**Cela venait de la bonne nourriture et du respect qu'il recevait toujours.**

Asta provenea din mâncarea bună și respectul de care primea întotdeauna.

**Pendant quatre ans, Buck a vécu comme un noble gâté.**

Timp de patru ani, Buck trăise ca un nobil răsfățat.

**Il était fier de lui, et même légèrement égoïste.**

Era mândru de sine și chiar ușor egoist.

**Ce genre de fierté était courant chez les seigneurs des régions reculées.**

Acest tip de mândrie era des întâlnit la lorzii din țările îndepărtate.

**Mais Buck s'est sauvé de devenir un chien de maison choyé.**

Dar Buck s-a salvat de la a deveni câinele răsfățat al gospodăriei.

**Il est resté mince et fort grâce à la chasse et à l'exercice.**

A rămas suplu și puternic prin vânătoare și exerciții fizice.

**Il aimait profondément l'eau, comme les gens qui se baignent dans les lacs froids.**

Iubea profund apa, asemenea oamenilor care se scaldă în lacuri reci.

**Cet amour pour l'eau a gardé Buck fort et en très bonne santé.**

Această dragoste pentru apă l-a menținut pe Buck puternic și foarte sănătos.

**C'était le chien que Buck était devenu à l'automne 1897.**

Acesta era câinele în care devenise Buck în toamna anului 1897.

**Lorsque la découverte du Klondike a attiré des hommes vers le Nord gelé.**

Când atacul din Klondike i-a atras pe oameni spre Nordul înghețat.

**Des gens du monde entier se sont précipités vers ce pays froid.**

Oamenii s-au grăbit din toată lumea în țara rece.

**Buck, cependant, ne lisait pas les journaux et ne comprenait pas les nouvelles.**

Buck, însă, nu citea ziarele și nici nu înțelegea știrile.

**Il ne savait pas que Manuel était un homme désagréable à fréquenter.**

Nu știa că Manuel era un om rău în preajma lui.

**Manuel, qui aidait au jardin, avait un problème grave.**

Manuel, care ajuta în grădină, avea o problemă gravă.

**Manuel était accro aux jeux de loterie chinois.**

Manuel era dependent de jocurile de noroc la loteria chineză.

**Il croyait également fermement en un système fixe pour gagner.**

De asemenea, el credea cu tărie într-un sistem fix de câștig.

**Cette croyance rendait son échec certain et inévitable.**

Această credință a făcut ca eșecul său să fie sigur și inevitabil.

**Jouer un système exige de l'argent, ce qui manquait à Manuel.**

Jocul la sistem necesită bani, lucru de care Manuel nu avea.

**Son salaire suffisait à peine à subvenir aux besoins de sa femme et de ses nombreux enfants.**

Salariul său abia îi întreținea soția și numeroșii copii.

**La nuit où Manuel a trahi Buck, les choses étaient normales.**

În noaptea în care Manuel l-a trădat pe Buck, lucrurile erau normale.

**Le juge était présent à une réunion de l'Association des producteurs de raisins secs.**

Judecătorul a fost la o întâlnire a Asociației Cultivatorilor de Stafide.

**Les fils du juge étaient alors occupés à former un club d'athlétisme.**

Fiii judecătorului erau ocupați pe atunci cu înființarea unui club sportiv.

**Personne n'a vu Manuel et Buck sortir par le verger.**

Nimeni nu i-a văzut pe Manuel și Buck plecând prin livadă.

**Buck pensait que cette promenade n'était qu'une simple promenade nocturne.**

Buck credea că plimbarea asta era doar o simplă plimbare nocturnă.

**Ils n'ont rencontré qu'un seul homme à la station du drapeau, à College Park.**

Au întâlnit un singur bărbat la stația de steaguri, din College Park.

**Cet homme a parlé à Manuel et ils ont échangé de l'argent.**

Bărbatul acela a vorbit cu Manuel și au făcut schimb de bani.

**« Emballez les marchandises avant de les livrer », a-t-il suggéré.**

„Împachetați marfa înainte să o livrați", a sugerat el.

**La voix de l'homme était rauque et impatiente lorsqu'il parlait.**

Vocea bărbatului era răgușită și nerăbdătoare în timp ce vorbea.

**Manuel a soigneusement attaché une corde épaisse autour du cou de Buck.**

Manuel a legat cu grijă o frânghie groasă în jurul gâtului lui Buck.

**« Tournez la corde et vous l'étoufferez abondamment »**

„Răsucește frânghia și îl vei sufoca de tot"

**L'étranger émit un grognement, montrant qu'il comprenait bien.**

Străinul a mormăit, arătând că a înțeles bine.

**Buck a accepté la corde avec calme et dignité tranquille ce jour-là.**

În ziua aceea, Buck a acceptat frânghia cu calm și demnitate liniștită.

**C'était un acte inhabituel, mais Buck faisait confiance aux hommes qu'il connaissait.**

A fost un act neobișnuit, dar Buck avea încredere în oamenii pe care îi cunoștea.

**Il croyait que leur sagesse allait bien au-delà de sa propre pensée.**

El credea că înțelepciunea lor depășea cu mult propria sa gândire.

**Mais ensuite la corde fut remise entre les mains de l'étranger.**

Dar apoi frânghia a fost înmânată în mâinile străinului.

**Buck émit un grognement sourd qui avertissait avec une menace silencieuse.**

Buck a mârâit înăbușit avertizând cu o amenințare liniștită.

**Il était fier et autoritaire, et voulait montrer son mécontentement.**

Era mândru și autoritar și voia să-și arate nemulțumirea.

**Buck pensait que son avertissement serait compris comme un ordre.**

Buck credea că avertismentul său va fi înțeles ca un ordin.

**À sa grande surprise, la corde se resserra rapidement autour de son cou épais.**

Spre șocul lui, frânghia s-a strâns repede în jurul gâtului său gros.

**Son air fut coupé et il commença à se battre dans une rage soudaine.**

I s-a tăiat suflul și a început să se lupte, cuprins de o furie bruscă.

**Il s'est jeté sur l'homme, qui a rapidement rencontré Buck en plein vol.**

A sărit asupra bărbatului, care l-a întâlnit repede pe Buck în aer.

**L'homme attrapa Buck par la gorge et le fit habilement tourner dans les airs.**

Bărbatul l-a apucat pe Buck de gât și l-a răsucit cu abilitate în aer.

**Buck a été violemment projeté au sol, atterrissant à plat sur le dos.**

Buck a fost aruncat puternic, aterizând pe spate.

**La corde l'étranglait alors cruellement tandis qu'il donnait des coups de pied sauvages.**

Frânghia îl sufoca acum crud, în timp ce el lovea sălbatic.

**Sa langue tomba, sa poitrine se souleva, mais il ne reprit pas son souffle.**

Limba i-a căzut, pieptul i s-a ridicat, dar nu a mai tras aer în piept.

**Il n'avait jamais été traité avec une telle violence de sa vie.**

Nu fusese tratat niciodată cu atâta violență în viața lui.

**Il n'avait jamais été rempli d'une fureur aussi profonde auparavant.**

Niciodată nu mai fusese cuprins de o furie atât de profundă.

**Mais le pouvoir de Buck s'est estompé et ses yeux sont devenus vitreux.**

Dar puterea lui Buck s-a stins, iar ochii i s-au încețoșat.

**Il s'est évanoui juste au moment où un train s'arrêtait à proximité.**

A leșinat exact când un tren era oprit în apropiere.

**Les deux hommes le jetèrent alors rapidement dans le fourgon à bagages.**

Apoi, cei doi bărbați l-au aruncat repede în vagonul de bagaje.

**La chose suivante que Buck ressentit fut une douleur dans sa langue enflée.**

Următorul lucru pe care l-a simțit Buck a fost o durere în limba umflată.

**Il se déplaçait dans un chariot tremblant, à peine conscient.**

Se mișca într-o căruță tremurândă, doar vag conștient.

**Le cri aigu d'un sifflet de train indiqua à Buck où il se trouvait.**

Scârțâitul ascuțit al fluierului unui tren i-a spus lui Buck unde se afla.

**Il avait souvent roulé avec le juge et connaissait ce sentiment.**

Călărise adesea cu Judecătorul și cunoștea sentimentul.

**C'était le choc unique de voyager à nouveau dans un fourgon à bagages.**

A fost șocul unic al călătoriei din nou într-un vagon de bagaje.

**Buck ouvrit les yeux et son regard brûla de rage.**

Buck deschise ochii, iar privirea îi ardea de furie.

**C'était la colère d'un roi fier déchu de son trône.**

Aceasta a fost mânia unui rege mândru, luat de pe tron.

Un homme a tenté de l'attraper, mais Buck a frappé en premier.

Un bărbat a întins mâna să-l apuce, dar Buck a lovit primul.

Il enfonça ses dents dans la main de l'homme et la serra fermement.

Și-a înfipt dinții în mâna bărbatului și a strâns-o strâns.

Il ne l'a pas lâché jusqu'à ce qu'il s'évanouisse une deuxième fois.

Nu l-a lăsat până nu a leșinat a doua oară.

« Ouais, il a des crises », murmura l'homme au bagagiste.

„Da, are crize de nervi", a mormăit bărbatul către bagajist.

Le bagagiste avait entendu la lutte et s'était approché.

Bagajerul auzise lupta și se apropiase.

« Je l'emmène à Frisco pour le patron », a expliqué l'homme.

„Îl duc la Frisco pentru șef", a explicat bărbatul.

« Il y a un excellent vétérinaire qui dit pouvoir les guérir. »

„Există acolo un cinolog bun care spune că le poate vindeca."

Plus tard dans la soirée, l'homme a donné son propre récit complet.

Mai târziu în acea seară, bărbatul și-a dat propria relatare completă.

Il parlait depuis un hangar derrière un saloon sur les quais.

A vorbit dintr-un șopron din spatele unui saloon de pe docuri.

« Tout ce qu'on m'a donné, c'était cinquante dollars », se plaignit-il au vendeur du saloon.

„Tot ce mi s-au dat au fost cincizeci de dolari", s-a plâns el cârciumii.

« Je ne le referais pas, même pour mille dollars en espèces. »

„N-aș mai face-o, nici măcar pentru o mie de dolari cash."

Sa main droite était étroitement enveloppée dans un tissu ensanglanté.

Mâna dreaptă îi era înfășurată strâns într-o pânză însângerată.

Son pantalon était déchiré du genou au pied.

Cracul pantalonilor îi era rupt larg de la genunchi până la picioare.

« Combien a été payé l'autre idiot ? » demanda le vendeur du saloon.

„Cât a fost plătită cealaltă cană?", a întrebat vânzătorul de la cârciumă.

**« Cent », répondit l'homme, « il n'accepterait pas un centime de moins. »**

„O sută", a răspuns bărbatul, „n-ar lua niciun cent mai puțin."

**« Cela fait cent cinquante », dit le vendeur du saloon.**

„Asta face o sută cincizeci", spuse vânzătorul de la cârciumă.

**« Et il vaut tout ça, sinon je ne suis pas meilleur qu'un imbécile. »**

„Și merită totul, altfel nu sunt mai bun decât un nesimțit."

**L'homme ouvrit les emballages pour examiner sa main.**

Bărbatul a deschis ambalajele ca să-și examineze mâna.

**La main était gravement déchirée et couverte de sang séché.**

Mâna era ruptă rău și plină de sânge uscat.

**« Si je n'ai pas l' hydrophobie... » commença-t-il à dire.**

„Dacă nu fac hidrofobie..." a început el să spună.

**« Ce sera parce que tu es né pour être pendu », dit-il en riant.**

„O fi pentru că te-ai născut ca să spânzuri", s-a auzit un râs.

**« Viens m'aider avant de partir », lui a-t-on demandé.**

„Vino să mă ajuți înainte să pleci", i s-a cerut.

**Buck était dans un état second à cause de la douleur dans sa langue et sa gorge.**

Buck era amețit de durerea din limbă și gât.

**Il était à moitié étranglé et pouvait à peine se tenir debout.**

Era pe jumătate strangulat și abia se mai putea ține în picioare.

**Pourtant, Buck essayait de faire face aux hommes qui l'avaient blessé ainsi.**

Totuși, Buck încerca să-i înfrunte pe bărbații care îl răniseră atât de mult.

**Mais ils le jetèrent à terre et l'étranglèrent une fois de plus.**

Dar l-au trântit la pământ și l-au strangulat încă o dată.

**Ce n'est qu'à ce moment-là qu'ils ont pu scier son lourd collier de laiton.**

Abia atunci i-au putut tăia gulerul greu de alamă.

**Ils ont retiré la corde et l'ont poussé dans une caisse.**

Au scos frânghia și l-au împins într-o ladă.

**La caisse était petite et avait la forme d'une cage en fer brut.**

Lada era mică și avea forma unei cuști brute de fier.

**Buck resta allongé là toute la nuit, rempli de colère et d'orgueil blessé.**

Buck a zăcut acolo toată noaptea, cuprins de mânie și mândrie rănită.

**Il ne pouvait pas commencer à comprendre ce qui lui arrivait.**

Nu putea începe să înțeleagă ce i se întâmplă.

**Pourquoi ces hommes étranges le gardaient-ils dans cette petite caisse ?**

De ce îl țineau acești bărbați ciudați în această ladă mică?

**Que voulaient-ils de lui et pourquoi cette cruelle captivité ?**

Ce voiau de la el și de ce această captivitate crudă?

**Il ressentait une pression sombre, un sentiment de catastrophe qui se rapprochait.**

Simțea o apăsare întunecată; un sentiment că dezastrul se apropia.

**C'était une peur vague, mais elle pesait lourdement sur son esprit.**

Era o frică vagă, dar i-a apăsat puternic sufletul.

**Il a sursauté à plusieurs reprises lorsque la porte du hangar a claqué.**

De câteva ori a sărit în sus când ușa șopronului a zăngănit.

**Il s'attendait à ce que le juge ou les garçons apparaissent et le sauvent.**

Se aștepta ca judecătorul sau băieții să apară și să-l salveze.

**Mais à chaque fois, seul le gros visage du tenancier de bar apparaissait à l'intérieur.**

Dar doar fața grasă a cârciumarului se ivea înăuntru de fiecare dată.

**Le visage de l'homme était éclairé par la faible lueur d'une bougie de suif.**

Fața bărbatului era luminată de strălucirea slabă a unei lumânări de seu.

**À chaque fois, l'aboiement joyeux de Buck se transformait en un grognement bas et colérique.**

De fiecare dată, lătratul vesel al lui Buck se schimba într-un mârâit înăbușit și furios.

**Le tenancier du saloon l'a laissé seul pour la nuit dans la caisse**
Cârciumarul l-a lăsat singur peste noapte în ladă
**Mais quand il se réveilla le matin, d'autres hommes arrivèrent.**
Dar când s-a trezit dimineața, veneau mai mulți bărbați.
**Quatre hommes sont venus et ont ramassé la caisse avec précaution, sans un mot.**
Patru bărbați au venit și au ridicat cu grijă lada fără un cuvânt.
**Buck comprit immédiatement dans quelle situation il se trouvait.**
Buck și-a dat seama imediat în ce situație se afla.
**Ils étaient d'autres bourreaux qu'il devait combattre et craindre.**
Ei erau în plus niște chinuitori cu care trebuia să lupte și de care trebuia să se teamă.
**Ces hommes avaient l'air méchants, en haillons et très mal soignés.**
Acești bărbați arătau răi, zdrențăroși și foarte prost îngrijiți.
**Buck grogna et se jeta férocement sur eux à travers les barreaux.**
Buck a mârâit și s-a năpustit asupra lor cu ferocitate printre gratii.
**Ils se sont contentés de rire et de le frapper avec de longs bâtons en bois.**
Au râs doar și l-au înțepat cu bețe lungi de lemn.
**Buck a mordu les bâtons, puis s'est rendu compte que c'était ce qu'ils aimaient.**
Buck a mușcat bețele, apoi și-a dat seama că asta le plăcea.
**Il s'allongea donc tranquillement, maussade et brûlant d'une rage silencieuse.**
Așa că s-a întins liniștit, posomorât și arzând de o furie tăcută.
**Ils ont soulevé la caisse dans un chariot et sont partis avec lui.**

Au ridicat lada într-o căruță și au plecat cu el.

**La caisse, avec Buck enfermé à l'intérieur, changeait souvent de mains.**

Lada, cu Buck încuiat înăuntru, își schimba des proprietarii.

**Les employés du bureau express ont pris les choses en main et l'ont traité brièvement.**

Funcționarii de la biroul expres au preluat controlul și s-au ocupat de el pentru scurt timp.

**Puis un autre chariot transporta Buck à travers la ville bruyante.**

Apoi, o altă căruță l-a dus pe Buck prin orașul gălăgios.

**Un camion l'a emmené avec des cartons et des colis sur un ferry.**

Un camion l-a dus cu cutii și colete pe un feribot.

**Après la traversée, le camion l'a déchargé dans un dépôt ferroviaire.**

După ce a traversat, camionul l-a descărcat la o gară.

**Finalement, Buck fut placé dans une voiture express en attente.**

În cele din urmă, Buck a fost plasat într-un vagon expres care îl aștepta.

**Pendant deux jours et deux nuits, les trains ont emporté la voiture express.**

Timp de două zile și două nopți, trenurile au retras vagonul expres.

**Buck n'a ni mangé ni bu pendant tout le douloureux voyage.**

Buck nici nu a mâncat, nici nu a băut pe tot parcursul călătoriei dureroase.

**Lorsque les messagers express ont essayé de l'approcher, il a grogné.**

Când mesagerii expres au încercat să se apropie de el, a mârâit.

**Ils ont réagi en se moquant de lui et en le taquinant cruellement.**

Ei au răspuns batjocorindu-l și tachinându-l cu cruzime.

**Buck se jeta sur les barreaux, écumant et tremblant**

Buck s-a aruncat la gratii, spumând și tremurând

**ils ont ri bruyamment et l'ont raillé comme des brutes de cour d'école.**

au râs în hohote și l-au batjocorit ca niște bătăuși din curtea școlii.

**Ils aboyaient comme de faux chiens et battaient des bras.**

Lătrau ca niște câini falși și dădeau din brațe.

**Ils ont même chanté comme des coqs juste pour le contrarier davantage.**

Au chiar cântat ca cocoșii doar ca să-l supere și mai mult.

**C'était un comportement stupide, et Buck savait que c'était ridicule.**

Era un comportament prostesc, iar Buck știa că era ridicol.

**Mais cela n'a fait qu'approfondir son sentiment d'indignation et de honte.**

Dar asta nu a făcut decât să-i adâncească sentimentul de indignare și rușine.

**Il n'a pas été trop dérangé par la faim pendant le voyage.**

Nu l-a deranjat prea mult foamea în timpul călătoriei.

**Mais la soif provoquait une douleur aiguë et une souffrance insupportable.**

Dar setea aducea dureri ascuțite și suferințe insuportabile.

**Sa gorge sèche et enflammée et sa langue brûlaient de chaleur.**

Gâtul și limba lui uscate și inflamate ardeau de căldură.

**Cette douleur alimentait la fièvre qui montait dans son corps fier.**

Această durere hrănea febra care îi creștea în trupul mândru.

**Buck était reconnaissant pour une seule chose au cours de ce procès.**

Buck a fost recunoscător pentru un singur lucru în timpul acestui proces.

**La corde avait été retirée de son cou épais.**

Frânghia fusese scoasă de la gâtul său gros.

**La corde avait donné à ces hommes un avantage injuste et cruel.**

Frânghia le dăduse acelor oameni un avantaj nedrept și crud.

**Maintenant, la corde avait disparu et Buck jura qu'elle ne reviendrait jamais.**

Acum frânghia dispăruse, iar Buck jura că nu se va mai întoarce niciodată.

**Il a décidé qu'aucune corde ne passerait plus jamais autour de son cou.**

A hotărât că nicio frânghie nu i se va mai pune vreodată în jurul gâtului.

**Pendant deux longs jours et deux longues nuits, il souffrit sans nourriture.**

Timp de două zile și nopți lungi, a suferit fără mâncare.

**Et pendant ces heures, il a développé une énorme rage en lui.**

Și în acele ore, a acumulat o furie enormă în sinea lui.

**Ses yeux sont devenus injectés de sang et sauvages à cause d'une colère constante.**

Ochii i s-au înroșit și s-au sălbăticit de la furia constantă.

**Il n'était plus Buck, mais un démon aux mâchoires claquantes.**

Nu mai era Buck, ci un demon cu fălci ascuțite.

**Même le juge n'aurait pas reconnu cette créature folle.**

Nici măcar judecătorul n-ar fi recunoscut această creatură nebună.

**Les messagers express ont soupiré de soulagement lorsqu'ils ont atteint Seattle**

Curierii expres au oftat ușurați când au ajuns la Seattle

**Quatre hommes ont soulevé la caisse et l'ont amenée dans une cour arrière.**

Patru bărbați au ridicat lada și au dus-o într-o curte din spate.

**La cour était petite, entourée de murs hauts et solides.**

Curtea era mică, înconjurată de ziduri înalte și solide.

**Un grand homme sortit, vêtu d'un pull rouge affaissé.**

Un bărbat masiv a ieșit într-un pulover roșu, uzat.

**Il a signé le carnet de livraison d'une écriture épaisse et audacieuse.**

A semnat registrul de livrare cu o mână groasă și îndrăzneață.

**Buck sentit immédiatement que cet homme était son prochain bourreau.**

Buck a simțit imediat că acest om era următorul său chinuitor.

**Il se jeta violemment sur les barreaux, les yeux rouges de fureur.**

S-a năpustit violent asupra gratiilor, cu ochii roșii de furie.

**L'homme sourit simplement sombrement et alla chercher une hachette.**

Bărbatul doar a zâmbit sumbru și s-a dus să aducă un secure.

**Il portait également une massue dans sa main droite épaisse et forte.**

De asemenea, a adus o crosă în mâna sa dreaptă groasă și puternică.

**« Tu vas le sortir maintenant ? » demanda le chauffeur, inquiet.**

„Aveți de gând să-l scoateți acum?", a întrebat șoferul, îngrijorat.

**« Bien sûr », dit l'homme en enfonçant la hachette dans la caisse comme levier.**

— Sigur, spuse bărbatul, înfigând securea în ladă ca pe o pârghie.

**Les quatre hommes se dispersèrent instantanément et sautèrent sur le mur de la cour.**

Cei patru bărbați s-au împrăștiat instantaneu, sărind pe zidul curții.

**Depuis leurs endroits sûrs, ils attendaient d'assister au spectacle.**

Din locurile lor sigure de sus, așteptau să privească spectacolul.

**Buck se jeta sur le bois éclaté, le mordant et le secouant violemment.**

Buck s-a năpustit asupra lemnului crăpat, mușcând și tremurând puternic.

**Chaque fois que la hachette touchait la cage, Buck était là pour l'attaquer.**

De fiecare dată când securea lovea cușca, Buck era acolo să o atace.

**Il grogna et claqua des dents avec une rage folle, impatient d'être libéré.**

A mârâit și a izbucnit cu o furie sălbatică, nerăbdător să fie eliberat.

**L'homme dehors était calme et stable, concentré sur sa tâche.**

Bărbatul de afară era calm și echilibrat, concentrat asupra sarcinii sale.

**« Bon, alors, espèce de diable aux yeux rouges », dit-il lorsque le trou fut grand.**

„Chiar atunci, diavol cu ochi roșii ce ești", a spus el când gaura s-a făcut mare.

**Il laissa tomber la hachette et prit le gourdin dans sa main droite.**

A aruncat securea și a luat bâta în mâna dreaptă.

**Buck ressemblait vraiment à un diable ; les yeux injectés de sang et flamboyants.**

Buck arăta cu adevărat ca un diavol; ochii lui erau injectați și arzători.

**Son pelage se hérissait, de la mousse s'échappait de sa bouche, ses yeux brillaient.**

Blana i se zbârli, spuma îi curgea la gură, iar ochii îi sclipeau.

**Il rassembla ses muscles et se jeta directement sur le pull rouge.**

Și-a încordat mușchii și a sărit direct asupra puloverului roșu.

**Cent quarante livres de fureur s'abattèrent sur l'homme calme.**

O sută patruzeci de kilograme de furie zburară asupra bărbatului calm.

**Juste avant que ses mâchoires ne se referment, un coup terrible le frappa.**

Chiar înainte ca fălcile să i se încleșteze, l-a lovit o lovitură teribilă.

**Ses dents claquèrent l'une contre l'autre, rien d'autre que l'air**

Dinții lui au pocnit împreună în aer

**une secousse de douleur résonna dans son corps**

o zdruncinătură de durere i-a răsunat prin corp

**Il a fait un saut périlleux en plein vol et s'est écrasé sur le dos et sur le côté.**

S-a răsturnat în aer și s-a prăbușit pe spate și pe o parte.

**Il n'avait jamais ressenti auparavant le coup d'un gourdin et ne pouvait pas le saisir.**

Nu simțise niciodată lovitura unei măciuci și nu o putea suporta.

**Avec un grognement strident, mi-aboiement, mi-cri, il bondit à nouveau.**

Cu un mârâit ascuțit, pe jumătate lătrat, pe jumătate țipăt, a sărit din nou.

**Un autre coup brutal le frappa et le projeta au sol.**

O altă lovitură brutală l-a lovit și l-a trântit la pământ.

**Cette fois, Buck comprit : c'était la lourde massue de l'homme.**

De data aceasta Buck a înțeles — era bâta grea a bărbatului.

**Mais la rage l'aveuglait, et il n'avait aucune idée de retraite.**

Dar furia l-a orbit și nu s-a gândit să se retragă.

**Douze fois il s'est lancé et douze fois il est tombé.**

De douăsprezece ori s-a aruncat și de douăsprezece ori a căzut.

**Le gourdin en bois le frappait à chaque fois avec une force impitoyable et écrasante.**

Bâta de lemn îl zdrobea de fiecare dată cu o forță nemiloasă, zdrobitoare.

**Après un coup violent, il se releva en titubant, étourdi et lent.**

După o lovitură puternică, s-a ridicat în picioare clătinându-se, amețit și încet.

**Du sang coulait de sa bouche, de son nez et même de ses oreilles.**

Sângele îi curgea din gură, din nas și chiar din urechi.

**Son pelage autrefois magnifique était maculé de mousse sanglante.**

Haina lui odinioară frumoasă era mânjită cu spumă însângerată.

**Alors l'homme s'est avancé et a donné un coup violent au nez.**

Apoi, bărbatul s-a ridicat și a lovit cu răutate nasul.

**L'agonie était plus vive que tout ce que Buck avait jamais ressenti.**

Agonia era mai ascuțită decât orice simțise Buck vreodată.

**Avec un rugissement plus bête que chien, il bondit à nouveau pour attaquer.**

Cu un răget mai degrabă bestial decât de câine, sări din nou să atace.

**Mais l'homme attrapa sa mâchoire inférieure et la tourna vers l'arrière.**

Dar bărbatul și-a prins maxilarul de jos și l-a răsucit înapoi.

**Buck fit un saut périlleux et s'écrasa à nouveau violemment.**

Buck s-a răsturnat cu capul peste călcâie, prăbușindu-se din nou cu putere.

**Une dernière fois, Buck se précipita sur lui, maintenant à peine capable de se tenir debout.**

Pentru ultima oară, Buck s-a năpustit asupra lui, acum abia mai putând să se ridice în picioare.

**L'homme a frappé avec un timing expert, délivrant le coup final.**

Bărbatul a lovit cu o sincronizare expertă, dând lovitura finală.

**Buck s'est effondré, inconscient et immobile.**

Buck s-a prăbușit grămadă, inconștient și nemișcat.

**« Il n'est pas mauvais pour dresser les chiens, c'est ce que je dis », a crié un homme.**

„Nu e prea priceput la dresat câini, asta zic și eu", a strigat un bărbat.

**« Druther peut briser la volonté d'un chien n'importe quel jour de la semaine. »**

„Druther poate frânge voința unui câine în orice zi a săptămânii."

**« Et deux fois un dimanche ! » a ajouté le chauffeur.**

„Și de două ori duminica!", a adăugat șoferul.

**Il monta dans le chariot et fit claquer les rênes pour partir.**

S-a urcat în căruță și a pocnit din hățuri ca să plece.

**Buck a lentement repris le contrôle de sa conscience**
Buck și-a recăpătat încet controlul asupra conștiinței.
**mais son corps était encore trop faible et brisé pour bouger.**
dar corpul său era încă prea slăbit și frânt pentru a se mișca.
**Il resta allongé là où il était tombé, regardant l'homme au pull rouge.**
Zăcea unde căzuse, privindu-l pe bărbatul cu pulover roșu.
**« Il répond au nom de Buck », dit l'homme en lisant à haute voix.**
„Răspunde la numele de Buck", spuse bărbatul, citind cu voce tare.
**Il a cité la note envoyée avec la caisse de Buck et les détails.**
A citat din biletul trimis odată cu lada și detaliile lui Buck.
**« Eh bien, Buck, mon garçon », continua l'homme d'un ton amical,**
„Ei bine, Buck, băiatul meu", a continuat bărbatul pe un ton prietenos,
**« Nous avons eu notre petite dispute, et maintenant c'est fini entre nous. »**
„Ne-am certat puțin, iar acum s-a terminat între noi."
**« Tu as appris à connaître ta place, et j'ai appris à connaître la mienne », a-t-il ajouté.**
„Tu ți-ai învățat locul, iar eu mi-l am învățat pe al meu", a adăugat el.
**« Sois sage, tout ira bien et la vie sera agréable. »**
„Fii cuminte și totul va merge bine, iar viața va fi plăcută."
**« Mais sois méchant, et je te botterai les fesses, compris ? »**
„Dar dacă te porți rău, te voi bate până la fund, ai înțeles?"
**Tandis qu'il parlait, il tendit la main et tapota la tête douloureuse de Buck.**
În timp ce vorbea, întinse mâna și mângâie ușor capul dureros al lui Buck.
**Les cheveux de Buck se dressèrent au contact de l'homme, mais il ne résista pas.**
Părul lui Buck s-a ridicat la atingerea bărbatului, dar acesta nu a opus rezistență.

**L'homme lui apporta de l'eau, que Buck but à grandes gorgées.**

Bărbatul i-a adus apă, pe care Buck a băut-o cu înghițituri mari.

**Puis vint la viande crue, que Buck dévora morceau par morceau.**

Apoi a urmat carnea crudă, pe care Buck a devorat-o bucată cu bucată.

**Il savait qu'il était battu, mais il savait aussi qu'il n'était pas brisé.**

Știa că era bătut, dar știa și că nu era frânt.

**Il n'avait aucune chance contre un homme armé d'une matraque.**

Nu avea nicio șansă împotriva unui om înarmat cu o bâtă.

**Il avait appris la vérité et il n'a jamais oublié cette leçon.**

El învățase adevărul și nu uitase niciodată lecția aceea.

**Cette arme était le début de la loi dans le nouveau monde de Buck.**

Acea armă a fost începutul legii în noua lume a lui Buck.

**C'était le début d'un ordre dur et primitif qu'il ne pouvait nier.**

Era începutul unei ordini aspre, primitive, pe care nu o putea nega.

**Il accepta la vérité ; ses instincts sauvages étaient désormais éveillés.**

A acceptat adevărul; instinctele sale sălbatice erau acum treze.

**Le monde était devenu plus dur, mais Buck l'a affronté avec courage.**

Lumea devenise mai aspră, dar Buck a înfruntat-o cu curaj.

**Il a affronté la vie avec une prudence, une ruse et une force tranquille nouvelles.**

A întâmpinat viața cu o nouă prudență, viclenie și o putere liniștită.

**D'autres chiens sont arrivés, attachés dans des cordes ou des caisses comme Buck l avait été.**

Au sosit mai mulți câini, legați în frânghii sau cuști, așa cum fuseseră și Buck.

**Certains chiens sont venus calmement, d'autres ont fait rage et se sont battus comme des bêtes sauvages.**

Unii câini au venit calm, alții au înfuriat și s-au luptat ca niște fiare sălbatice.

**Ils furent tous soumis au règne de l'homme au pull rouge.**

Toți au fost aduși sub stăpânirea bărbatului cu pulover roșu.

**À chaque fois, Buck regardait et voyait la même leçon se dérouler.**

De fiecare dată, Buck privea și vedea aceeași lecție desfășurându-se.

**L'homme avec la massue était la loi, un maître à obéir.**

Omul cu bâta era legea; un stăpân de care trebuia ascultat.

**Il n'avait pas besoin d'être aimé, mais il fallait qu'on lui obéisse.**

Nu avea nevoie să fie plăcut, dar trebuia ascultat.

**Buck ne s'est jamais montré flatteur ni n'a remué la queue comme le faisaient les chiens plus faibles.**

Buck nu a lingușit niciodată și nu a dârât din cap așa cum făceau câinii mai slabi.

**Il a vu des chiens qui avaient été battus et qui continuaient à lécher la main de l'homme.**

A văzut câini care erau bătuți și totuși îi lingeau mâna bărbatului.

**Il a vu un chien qui refusait d'obéir ou de se soumettre du tout.**

A văzut un câine care nu voia să asculte și să se supună deloc.

**Ce chien s'est battu jusqu'à ce qu'il soit tué dans la bataille pour le contrôle.**

Câinele acela a luptat până a fost ucis în lupta pentru control.

**Des étrangers venaient parfois voir l'homme au pull rouge.**

Uneori, niște străini veneau să-l vadă pe bărbatul cu pulover roșu.

**Ils parlaient sur un ton étrange, suppliant, marchandant et riant.**

Vorbeau pe un ton ciudat, implorând, târguind și râzând.

**Lors de l'échange d'argent, ils partaient avec un ou plusieurs chiens.**

Când se schimbau banii, plecau cu unul sau mai mulți câini.

**Buck se demandait où étaient passés ces chiens, car aucun n'était jamais revenu.**

Buck se întreba unde se duc acești câini, căci niciunul nu se mai întorcea vreodată.

**la peur de l'inconnu envahissait Buck chaque fois qu'un homme étrange venait**

Frica de necunoscut îl cuprindea pe Buck de fiecare dată când venea un bărbat străin

**il était content à chaque fois qu'un autre chien était pris, plutôt que lui-même.**

se bucura de fiecare dată când era luat un alt câine, în loc de el însuși.

**Mais finalement, le tour de Buck arriva avec l'arrivée d'un homme étrange.**

Dar, în cele din urmă, a venit rândul lui Buck odată cu sosirea unui bărbat ciudat.

**Il était petit, nerveux, parlait un anglais approximatif et jurait.**

Era mic, slăbănog și vorbea o engleză stricată și înjura.

**« Sacré-Dam ! » hurla-t-il en posant les yeux sur le corps de Buck.**

„Sacredam!" a strigat el când a pus ochii pe silueta lui Buck.

**« C'est un sacré chien tyrannique ! Hein ? Combien ? » demanda-t-il à voix haute.**

„Ăsta e un câine bătăuș! Ăă? Cât costă?", a întrebat el cu voce tare.

**« Trois cents, et c'est un cadeau à ce prix-là. »**

„Trei sute, și e un cadou la prețul ăsta."

**« Puisque c'est de l'argent du gouvernement, tu ne devrais pas te plaindre, Perrault. »**

„Din moment ce sunt bani de la guvern, n-ar trebui să te plângi, Perrault."

**Perrault sourit à l'idée de l'accord qu'il venait de conclure avec cet homme.**

Perrault rânji la înțelegerea pe care tocmai o făcuse cu bărbatul.

**Le prix des chiens a grimpé en flèche en raison de la demande soudaine.**

Prețul câinilor a crescut vertiginos din cauza cererii bruște.

**Trois cents dollars, ce n'était pas injuste pour une si belle bête.**

Trei sute de dolari nu erau nedrepți pentru o fiară atât de frumoasă.

**Le gouvernement canadien ne perdrait rien dans cet accord**

Guvernul canadian nu ar pierde nimic în această înțelegere

**Leurs dépêches officielles ne seraient pas non plus retardées en transit.**

Nici corespondența lor oficială nu ar fi întârziată în tranzit.

**Perrault connaissait bien les chiens et pouvait voir que Buck était quelque chose de rare.**

Perrault cunoștea bine câinii și își dădea seama că Buck era ceva rar.

**« Un sur dix dix mille », pensa-t-il en étudiant la silhouette de Buck.**

„Unul la zece zece mii", se gândi el, în timp ce studia constituția lui Buck.

**Buck a vu l'argent changer de mains, mais n'a montré aucune surprise.**

Buck a văzut banii schimbându-și mâinile, dar nu a arătat nicio surpriză.

**Bientôt, lui et Curly, un gentil Terre-Neuve, furent emmenés.**

Curând, el și Creț, un blând Newfoundland, au fost duși departe.

**Ils suivirent le petit homme depuis la cour du pull rouge.**

L-au urmat pe omulețul din curtea puloverului roșu.

**Ce fut la dernière fois que Buck vit l'homme avec la massue en bois.**

Aceea a fost ultima dată când Buck l-a văzut vreodată pe omul cu bâta de lemn.

**Depuis le pont du Narval, il regardait Seattle disparaître au loin.**

De pe puntea navei Narwhal, a privit cum Seattle se stingea în depărtare.

**C'était aussi la dernière fois qu'il voyait le chaud Southland.**

A fost, de asemenea, ultima dată când a văzut caldul Southland.

**Perrault les emmena sous le pont et les laissa à François.**

Perrault i-a dus sub punte și i-a lăsat cu François.

**François était un géant au visage noir, aux mains rugueuses et calleuses.**

François era un uriaș cu fața neagră și mâini aspre și bătătorite.

**Il était brun et basané; un métis franco-canadien.**

Era brunet și neînchis la culoare; un metis franco-canadian.

**Pour Buck, ces hommes étaient d'un genre qu'il n'avait jamais vu auparavant.**

Pentru Buck, acești oameni erau de un fel pe care nu-i mai văzuse niciodată.

**Il allait connaître beaucoup d'autres hommes de ce genre dans les jours qui suivirent.**

Avea să cunoască mulți astfel de bărbați în zilele următoare.

**Il ne s'est pas attaché à eux, mais il a appris à les respecter.**

Nu a ajuns să-i îndrăgească, dar a ajuns să-i respecte.

**Ils étaient justes et sages, et ne se laissaient pas facilement tromper par un chien.**

Erau drepți și înțelepți și nu se lăsau ușor păcăliți de niciun câine.

**Ils jugeaient les chiens avec calme et ne les punissaient que lorsqu'ils le méritaient.**

Judecau câinii cu calm și îi pedepseau doar atunci când meritau.

**Sur le pont inférieur du Narwhal, Buck et Curly ont rencontré deux chiens.**

Pe puntea inferioară a navei Narwhal, Buck și Creț au întâlnit doi câini.

**L'un d'eux était un grand chien blanc venu du lointain et glacial Spitzberg.**

Unul era un câine mare și alb din îndepărtatul și înghețatul Spitzbergen.

**Il avait autrefois navigué avec un baleinier et rejoint un groupe d'enquête.**

Odată navigase cu un vânător de balene și se alăturase unui grup de studiu.

**Il était amical d'une manière sournoise, sournoise et rusée.**

Era prietenos într-un mod viclean, necinstit și viclean.

**Lors de leur premier repas, il a volé un morceau de viande dans la poêle de Buck.**

La prima lor masă, a furat o bucată de carne din tigaia lui Buck.

**Buck sauta pour le punir, mais le fouet de François frappa en premier.**

Buck a sărit să-l pedepsească, dar biciul lui François a lovit primul.

**Le voleur blanc hurla et Buck récupéra l'os volé.**

Hoțul alb a țipat, iar Buck a recuperat osul furat.

**Cette équité impressionna Buck, et François gagna son respect.**

Această corectitudine l-a impresionat pe Buck, iar François i-a câștigat respectul.

**L'autre chien ne lui a pas adressé de salut et n'en a pas voulu en retour.**

Celălalt câine nu l-a salutat și nu a vrut niciun răspuns.

**Il ne volait pas de nourriture et ne reniflait pas les nouveaux arrivants avec intérêt.**

Nu a furat mâncare și nici nu i-a adulmecat cu interes pe nou-veniți.

**Ce chien était sinistre et calme, sombre et lent.**

Acest câine era posomorât și tăcut, posomorât și se mișca încet.

**Il a averti Curly de rester à l'écart en la regardant simplement.**

El a avertizat-o pe Creț să stea departe, pur și simplu uitându-se urât la ea.

Son message était clair : laissez-moi tranquille ou il y aura des problèmes.

Mesajul lui a fost clar: lăsați-mă în pace sau vor fi probleme.

Il s'appelait Dave et il remarquait à peine son environnement.

Îl chema Dave și abia dacă observa împrejurimile.

Il dormait souvent, mangeait tranquillement et bâillait de temps en temps.

Dormea des, mânca liniștit și căsca din când în când.

Le navire ronronnait constamment avec le battement de l'hélice en dessous.

Nava zumzăia constant, cu elicea bătând dedesubt.

Les jours passèrent sans grand changement, mais le temps devint plus froid.

Zilele au trecut fără prea multe schimbări, dar vremea s-a răcit.

Buck pouvait le sentir dans ses os et remarqua que les autres le faisaient aussi.

Buck simțea asta în oase și observă că și ceilalți o simțeau.

Puis un matin, l'hélice s'est arrêtée et tout est redevenu calme.

Apoi, într-o dimineață, elicea s-a oprit și totul a fost nemișcat.

Une énergie parcourut le vaisseau ; quelque chose avait changé.

O energie a străbătut nava; ceva se schimbase.

François est descendu, les a attachés en laisse et les a remontés.

François a coborât, i-a legat în lesă și i-a adus sus.

Buck sortit et trouva le sol doux, blanc et froid.

Buck a ieșit și a găsit pământul moale, alb și rece.

Il sursauta en arrière, alarmé, et renifla, totalement confus.

A sărit înapoi alarmat și a pufnit complet confuz.

Une étrange substance blanche tombait du ciel gris.

O substanță albă și ciudată cădea din cerul cenușiu.

Il se secoua, mais les flocons blancs continuaient à atterrir sur lui.

S-a scuturat, dar fulgii albi continuau să cadă pe el.

**Il renifla soigneusement la substance blanche et lécha quelques morceaux glacés.**

A adulmecat cu grijă substanța albă și a lins câteva bucățele de gheață.

**La poudre brûla comme du feu, puis disparut de sa langue.**

Pulberea a ars ca focul, apoi a dispărut direct de pe limba lui.

**Buck essaya à nouveau, intrigué par l'étrange froideur qui disparaissait.**

Buck încercă din nou, nedumerit de ciudata răceală care dispărea.

**Les hommes autour de lui rirent et Buck se sentit gêné.**

Bărbații din jurul lui au râs, iar Buck s-a simțit jenat.

**Il ne savait pas pourquoi, mais il avait honte de sa réaction.**

Nu știa de ce, dar îi era rușine de reacția lui.

**C'était sa première expérience avec la neige, et cela le dérouta.**

Era prima lui experiență cu zăpada și l-a nedumerit.

## La loi du gourdin et des crocs
Legea clubului și a colțului

**Le premier jour de Buck sur la plage de Dyea ressemblait à un terrible cauchemar.**
Prima zi a lui Buck pe plaja Dyea a părut un coșmar teribil.

**Chaque heure apportait de nouveaux chocs et des changements inattendus pour Buck.**
Fiecare oră aducea noi șocuri și schimbări neașteptate pentru Buck.

**Il avait été arraché à la civilisation et jeté dans un chaos sauvage.**
Fusese smuls din civilizație și aruncat într-un haos sălbatic.

**Ce n'était pas une vie ensoleillée et paresseuse, faite d'ennui et de repos.**
Aceasta nu era o viață însorită și leneșă, cu plictiseală și odihnă.

**Il n'y avait pas de paix, pas de repos, et pas un instant sans danger.**
Nu exista pace, nici odihnă și niciun moment fără pericol.

**La confusion régnait sur tout et le danger était toujours proche.**
Confuzia stăpânea totul, iar pericolul era mereu aproape.

**Buck devait rester vigilant car ces hommes et ces chiens étaient différents.**
Buck trebuia să fie alert pentru că acești bărbați și câini erau diferiți.

**Ils n'étaient pas originaires des villes ; ils étaient sauvages et sans pitié.**
Nu erau din orașe; erau sălbatici și fără milă.

**Ces hommes et ces chiens ne connaissaient que la loi du gourdin et des crocs.**
Acești oameni și câini cunoșteau doar legea bâtei și a colțului.

**Buck n'avait jamais vu de chiens se battre comme ces huskies sauvages.**
Buck nu mai văzuse niciodată câini luptând ca acești husky sălbatici.

**Sa première expérience lui a appris une leçon qu'il n'oublierait jamais.**

Prima sa experiență i-a învățat o lecție pe care n-o va uita niciodată.

**Il a eu de la chance que ce ne soit pas lui, sinon il serait mort aussi.**

A avut noroc că nu era el, altfel ar fi murit și el.

**Curly était celui qui souffrait tandis que Buck regardait et apprenait.**

Creț a fost cel care a suferit în timp ce Buck a privit și a învățat.

**Ils avaient installé leur campement près d'un magasin construit en rondins.**

Își făcuseră tabăra lângă o magazie construită din bușteni.

**Curly a essayé d'être amical avec un grand husky ressemblant à un loup.**

Creț a încercat să fie prietenos cu un husky mare, care semăna cu un lup.

**Le husky était plus petit que Curly, mais avait l'air sauvage et méchant.**

Husky-ul era mai mic decât Creț, dar arăta sălbatic și rău.

**Sans prévenir, il a sauté et lui a ouvert le visage.**

Fără avertisment, a sărit și i-a tăiat fața.

**Ses dents lui coupèrent l'œil jusqu'à sa mâchoire en un seul mouvement.**

Dinții lui i-au tăiat din ochi până la maxilar dintr-o singură mișcare.

**C'est ainsi que les loups se battaient : ils frappaient vite et sautaient loin.**

Așa se luptau lupii – loveau repede și săreau departe.

**Mais il y avait plus à apprendre que de cette seule attaque.**

Dar erau mai multe de învățat decât din acel singur atac.

**Des dizaines de huskies se sont précipités et ont formé un cercle silencieux.**

Zeci de câini husky s-au năpustit înăuntru și au format un cerc tăcut.

**Ils regardaient attentivement et se léchaient les lèvres avec faim.**

Se uitau cu atenție și își linseau buzele de foame.

**Buck ne comprenait pas leur silence ni leurs regards avides.**

Buck nu le înțelegea tăcerea sau ochii nerăbdători.

**Curly s'est précipité pour attaquer le husky une deuxième fois.**

Creț s-a grăbit să atace husky-ul a doua oară.

**Il a utilisé sa poitrine pour la renverser avec un mouvement puissant.**

Și-a folosit pieptul ca să o doboare cu o mișcare puternică.

**Elle est tombée sur le côté et n'a pas pu se relever.**

A căzut pe o parte și nu s-a mai putut ridica.

**C'est ce que les autres attendaient depuis le début.**

Asta așteptaseră ceilalți de la bun început.

**Les huskies ont sauté sur elle, hurlant et grognant avec frénésie.**

Câinii husky au sărit pe ea, scheunând și mârâind frenetic.

**Elle a crié alors qu'ils l'enterraient sous un tas de chiens.**

A țipat în timp ce au îngropat-o sub o grămadă de câini.

**L'attaque fut si rapide que Buck resta figé sur place sous le choc.**

Atacul a fost atât de rapid încât Buck a încremenit pe loc de șoc.

**Il vit Spitz tirer la langue d'une manière qui ressemblait à un rire.**

L-a văzut pe Spitz scoțând limba într-un fel care părea a fi un râs.

**François a attrapé une hache et a couru droit vers le groupe de chiens.**

François a apucat un topor și a alergat direct în grupul de câini.

**Trois autres hommes ont utilisé des gourdins pour aider à repousser les huskies.**

Alți trei bărbați au folosit bâte pentru a-i ajuta să-i îndepărteze pe husky.

**En seulement deux minutes, le combat était terminé et les chiens avaient disparu.**

În doar două minute, lupta s-a terminat și câinii au dispărut.

**Curly gisait morte dans la neige rouge et piétinée, son corps déchiré.**

Creț zăcea moartă în zăpada roșie, călcată în picioare, cu trupul sfâșiat.

**Un homme à la peau sombre se tenait au-dessus d'elle, maudissant la scène brutale.**

Un bărbat cu pielea închisă la culoare stătea deasupra ei, blestemând scena brutală.

**Le souvenir est resté avec Buck et a hanté ses rêves la nuit.**

Amintirea a rămas cu Buck și i-a bântuit visele noaptea.

**C'était comme ça ici : pas d'équité, pas de seconde chance.**

Așa stăteau lucrurile aici; fără dreptate, fără a doua șansă.

**Une fois qu'un chien tombait, les autres le tuaient sans pitié.**

Odată ce un câine cădea, ceilalți îl ucideau fără milă.

**Buck décida alors qu'il ne se permettrait jamais de tomber.**

Buck a decis atunci că nu își va permite niciodată să cadă.

**Spitz tira à nouveau la langue et rit du sang.**

Spitz și-a scos din nou limba și a râs de sânge.

**À partir de ce moment-là, Buck détesta Spitz de tout son cœur.**

Din acel moment, Buck l-a urăsc pe Spitz din toată inima.

**Avant que Buck ne puisse se remettre de la mort de Curly, quelque chose de nouveau s'est produit.**

Înainte ca Buck să-și poată reveni după moartea lui Creț, s-a întâmplat ceva nou.

**François s'est approché et a attaché quelque chose autour du corps de Buck.**

François a venit și i-a legat ceva în jurul corpului lui Buck.

**C'était un harnais comme ceux utilisés sur les chevaux du ranch.**

Era un ham ca cele folosite la cai la fermă.

**Comme Buck avait vu les chevaux travailler, il devait maintenant travailler aussi.**

Aşa cum Buck văzuse caii la muncă, acum era şi el obligat să muncească.

**Il a dû tirer François sur un traîneau dans la forêt voisine.**

A trebuit să-l tragă pe François pe o sanie în pădurea din apropiere.

**Il a ensuite dû ramener une lourde charge de bois de chauffage.**

Apoi a trebuit să tragă înapoi o încărcătură grea de lemne de foc.

**Buck était fier, donc cela lui faisait mal d'être traité comme un animal de travail.**

Buck era mândru, aşa că îl durea să fie tratat ca un animal de muncă.

**Mais il était sage et n'a pas essayé de lutter contre la nouvelle situation.**

Dar a fost înţelept şi nu a încercat să lupte împotriva noii situaţii.

**Il a accepté sa nouvelle vie et a donné le meilleur de lui-même dans chaque tâche.**

Şi-a acceptat noua viaţă şi a dat tot ce a avut mai bun în fiecare sarcină.

**Tout ce qui concernait ce travail lui était étrange et inconnu.**

Totul legat de muncă îi era ciudat şi nefamiliar.

**François était strict et exigeait l'obéissance sans délai.**

François era strict şi cerea ascultare fără întârziere.

**Son fouet garantissait que chaque ordre soit exécuté immédiatement.**

Biciul său se asigura că fiecare comandă era executată imediat.

**Dave était le conducteur du traîneau, le chien le plus proche du traîneau derrière Buck.**

Dave era trăgătorul, câinele cel mai apropiat de sanie, în spatele lui Buck.

**Dave mordait Buck sur les pattes arrière s'il faisait une erreur.**

Dave îl muşca pe Buck de picioarele din spate dacă făcea o greşeală.

**Spitz était le chien de tête, compétent et expérimenté dans ce rôle.**

Spitz era câinele principal, priceput și experimentat în rol.

**Spitz ne pouvait pas atteindre Buck facilement, mais il le corrigea quand même.**

Spitz nu a putut ajunge ușor la Buck, dar tot l-a corectat.

**Il grognait durement ou tirait le traîneau d'une manière qui enseignait à Buck.**

Mârâia aspru sau trăgea de sanie în moduri care îl învățau pe Buck.

**Grâce à cette formation, Buck a appris plus vite que ce qu'ils avaient imaginé.**

Sub acest antrenament, Buck a învățat mai repede decât se așteptau oricare dintre ei.

**Il a travaillé dur et a appris de François et des autres chiens.**

A muncit din greu și a învățat atât de la François, cât și de la ceilalți câini.

**À leur retour, Buck connaissait déjà les commandes clés.**

Până s-au întors, Buck știa deja comenzile taste.

**Il a appris à s'arrêter au son « ho » de François.**

A învățat să se oprească la auzul lui „ho" de la François.

**Il a appris quand il a dû tirer le traîneau et courir.**

A învățat când trebuia să tragă de sanie și să alerge.

**Il a appris à tourner largement dans les virages du sentier sans difficulté.**

A învățat să vireze larg la curbe pe potecă fără probleme.

**Il a également appris à éviter Dave lorsque le traîneau descendait rapidement.**

De asemenea, a învățat să-l evite pe Dave când sania cobora repede panta.

**« Ce sont de très bons chiens », dit fièrement François à Perrault.**

„Sunt câini foarte buni", i-a spus François cu mândrie lui Perrault.

**« Ce Buck tire comme un dingue, je lui apprends vite fait. »**

„Buck ăla se dă în vânt după el – îl învăț eu repede."

**Plus tard dans la journée, Perrault est revenu avec deux autres chiens husky.**

Mai târziu în acea zi, Perrault s-a întors cu încă doi câini husky.

**Ils s'appelaient Billee et Joe, et ils étaient frères.**

Numele lor erau Billee și Joe și erau frați.

**Ils venaient de la même mère, mais ne se ressemblaient pas du tout.**

Proveneau din aceeași mamă, dar nu erau deloc la fel.

**Billee était de nature douce et très amicale avec tout le monde.**

Billee era blând și prea prietenos cu toată lumea.

**Joe était tout le contraire : calme, en colère et toujours en train de grogner.**

Joe era opusul - tăcut, furios și mereu mârâind.

**Buck les a accueillis de manière amicale et s'est montré calme avec eux deux.**

Buck i-a salutat prietenos și a fost calm cu amândoi.

**Dave ne leur prêta aucune attention et resta silencieux comme d'habitude.**

Dave nu le-a acordat nicio atenție și a rămas tăcut ca de obicei.

**Spitz a attaqué d'abord Billee, puis Joe, pour montrer sa domination.**

Spitz l-a atacat mai întâi pe Billee, apoi pe Joe, pentru a-și demonstra dominația.

**Billee remua la queue et essaya d'être amical avec Spitz.**

Billee a dat din coadă și a încercat să fie prietenos cu Spitz.

**Lorsque cela n'a pas fonctionné, il a essayé de s'enfuir à la place.**

Când asta nu a funcționat, a încercat în schimb să fugă.

**Il a pleuré tristement lorsque Spitz l'a mordu fort sur le côté.**

A plâns trist când Spitz l-a mușcat puternic de lateral.

**Mais Joe était très différent et refusait d'être intimidé.**

Dar Joe era foarte diferit și refuza să fie hărțuit.

**Chaque fois que Spitz s'approchait, Joe se retournait pour lui faire face rapidement.**

De fiecare dată când Spitz se apropia, Joe se întorcea repede să-l înfrunte.

**Sa fourrure se hérissa, ses lèvres se retroussèrent et ses dents claquèrent sauvagement.**

Blana i s-a zbârlit, buzele i s-au arcuit, iar dinţii i-au trosnit sălbatic.

**Les yeux de Joe brillaient de peur et de rage, défiant Spitz de frapper.**

Ochii lui Joe străluceau de frică şi furie, provocându-l pe Spitz să lovească.

**Spitz abandonna le combat et se détourna, humilié et en colère.**

Spitz a renunţat la luptă şi s-a întors, umilit şi furios.

**Il a déversé sa frustration sur le pauvre Billee et l'a chassé.**

Şi-a vărsat frustrarea asupra bietului Billee şi l-a alungat.

**Ce soir-là, Perrault ajouta un chien de plus à l'équipe.**

În seara aceea, Perrault a adăugat încă un câine în echipă.

**Ce chien était vieux, maigre et couvert de cicatrices de guerre.**

Acest câine era bătrân, slab şi plin de cicatrici de luptă.

**L'un de ses yeux manquait, mais l'autre brillait de puissance.**

Îi lipsea un ochi, dar celălalt sclipea puternic.

**Le nom du nouveau chien était Solleks, ce qui signifiait « celui qui est en colère ».**

Numele noului câine era Solleks, ceea ce însemna Cel Furios.

**Comme Dave, Solleks ne demandait rien aux autres et ne donnait rien en retour.**

La fel ca Dave, Solleks nu le-a cerut nimic altora şi nu a dat nimic înapoi.

**Lorsque Solleks entra lentement dans le camp, même Spitz resta à l'écart.**

Când Solleks a intrat încet în tabără, chiar şi Spitz a stat departe.

**Il avait une étrange habitude que Buck a eu la malchance de découvrir.**

Avea un obicei ciudat pe care Buck a avut ghinionul să-l descopere.

**Solleks détestait qu'on l'approche du côté où il était aveugle.**

Solleks ura să fie abordat din partea de unde era orb.

**Buck ne le savait pas et a fait cette erreur par accident.**

Buck nu știa asta și a făcut greșeala din greșeală.

**Solleks se retourna et frappa l'épaule de Buck profondément et rapidement.**

Solleks se întoarse și îl lovi adânc și rapid pe Buck în umăr.

**À partir de ce moment, Buck ne s'est plus jamais approché du côté aveugle de Solleks.**

Din acel moment, Buck nu s-a mai apropiat de punctul mort al lui Solleks.

**Ils n'ont plus jamais eu de problèmes pendant le reste de leur temps ensemble.**

Nu au mai avut niciodată probleme în restul timpului petrecut împreună.

**Solleks voulait seulement être laissé seul, comme le calme Dave.**

Solleks nu voia decât să fie lăsat în pace, la fel ca tăcutul Dave.

**Mais Buck apprendra plus tard qu'ils avaient chacun un autre objectif secret.**

Dar Buck avea să afle mai târziu că fiecare avea un alt obiectiv secret.

**Cette nuit-là, Buck a dû faire face à un nouveau défi troublant : comment dormir.**

În noaptea aceea, Buck s-a confruntat cu o provocare nouă și tulburătoare - cum să doarmă.

**La tente brillait chaleureusement à la lumière des bougies dans le champ enneigé.**

Cortul strălucea cald la lumina lumânărilor în câmpul înzăpezit.

**Buck entra, pensant qu'il pourrait se reposer là comme avant.**

Buck a intrat, gândindu-se că se poate odihni acolo ca înainte.

**Mais Perrault et François lui criaient dessus et lui jetaient des casseroles.**

Dar Perrault și François au țipat la el și au aruncat cu tigăi.

**Choqué et confus, Buck s'est enfui dans le froid glacial.**

Șocat și confuz, Buck a fugit afară în frigul înghețat.

**Un vent glacial piquait son épaule blessée et lui gelait les pattes.**

Un vânt puternic i-a înțepat umărul rănit și i-a înghețat labele.

**Il s'est allongé dans la neige et a essayé de dormir à la belle étoile.**

S-a întins în zăpadă și a încercat să doarmă afară, la vedere.

**Mais le froid l'obligea bientôt à se relever, tremblant terriblement.**

Dar frigul l-a obligat curând să se ridice din nou, tremurând rău.

**Il erra dans le camp, essayant de trouver un endroit plus chaud.**

A rătăcit prin tabără, încercând să găsească un loc mai cald.

**Mais chaque coin était aussi froid que le précédent.**

Dar fiecare colț era la fel de rece ca cel de dinainte.

**Parfois, des chiens sauvages sautaient sur lui dans l'obscurité.**

Uneori, câini sălbatici săreau la el din întuneric.

**Buck hérissa sa fourrure, montra ses dents et grogna en signe d'avertissement.**

Buck și-a zbârlit blana, și-a arătat dinții și a mârâit în semn de avertisment.

**Il apprenait vite et les autres chiens reculaient rapidement.**

Învăța repede, iar ceilalți câini s-au retras repede.

**Il n'avait toujours pas d'endroit où dormir et ne savait pas quoi faire.**

Totuși, nu avea unde să doarmă și habar n-avea ce să facă.

**Finalement, une pensée lui vint : aller voir ses coéquipiers.**

În cele din urmă, i-a venit o idee - să-și vadă coechipierii.

**Il est retourné dans leur région et a été surpris de les trouver partis.**

S-a întors în zona lor și a fost surprins să-i vadă dispăruți.

**Il chercha à nouveau dans le camp, mais ne parvint toujours pas à les trouver.**

A căutat din nou prin tabără, dar tot nu i-a găsit.

**Il savait qu'ils ne pouvaient pas être dans la tente, sinon il le serait aussi.**

Știa că nu puteau fi în cort, altfel ar fi fost și el.

**Alors, où étaient passés tous les chiens dans ce camp gelé ?**

Deci, unde dispăruseră toți câinii în această tabără înghețată?

**Buck, froid et misérable, tournait lentement autour de la tente.**

Buck, înfrigurat și nefericit, se învârtea încet în jurul cortului.

**Soudain, ses pattes avant s'enfoncèrent dans la neige molle et le surprit.**

Deodată, picioarele din față i se afundară în zăpada moale și îl tresăriră.

**Quelque chose se tortilla sous ses pieds et il sursauta en arrière, effrayé.**

Ceva s-a zvârcolit sub picioarele lui, iar el a sărit înapoi de frică.

**Il grogna et grogna, ne sachant pas ce qui se cachait sous la neige.**

A mârâit și a mârâit, neștiind ce se ascundea sub zăpadă.

**Puis il entendit un petit aboiement amical qui apaisa sa peur.**

Apoi a auzit un lătrat ușor și prietenos care i-a potolit teama.

**Il renifla l'air et s'approcha pour voir ce qui était caché.**

A adulmecat aerul și s-a apropiat să vadă ce era ascuns.

**Sous la neige, recroquevillée en boule chaude, se trouvait la petite Billee.**

Sub zăpadă, ghemuit într-o minge caldă, se afla micuțul Billee.

**Billee remua la queue et lécha le visage de Buck pour le saluer.**

Billee a dat din coadă și l-a lins pe Buck pe față ca să-l salute.

**Buck a vu comment Billee avait fabriqué un endroit pour dormir dans la neige.**

Buck a văzut cum Billee își făcuse un loc de dormit în zăpadă.

**Il avait creusé et utilisé sa propre chaleur pour rester au chaud.**

Săpase în adâncul pământului și își folosise propria căldură ca
să se încălzească.

**Buck avait appris une autre leçon : c'est ainsi que les chiens
dormaient.**

Buck învățase o altă lecție – așa dormeau câinii.

**Il a choisi un endroit et a commencé à creuser son propre
trou dans la neige.**

Și-a ales un loc și a început să-și sape propria groapă în
zăpadă.

**Au début, il bougeait trop et gaspillait de l'énergie.**

La început, se mișca prea mult și își irosea energia.

**Mais bientôt son corps réchauffa l'espace et il se sentit en
sécurité.**

Dar curând corpul său a încălzit spațiul, iar el s-a simțit în
siguranță.

**Il se recroquevilla étroitement et, peu de temps après, il
s'endormit profondément.**

S-a ghemuit strâns și, în scurt timp, a adormit dus.

**La journée avait été longue et dure, et Buck était épuisé.**

Ziua fusese lungă și grea, iar Buck era epuizat.

**Il dormait profondément et confortablement, même si ses
rêves étaient fous.**

A dormit adânc și confortabil, deși visele sale erau nebunești.

**Il grognait et aboyait dans son sommeil, se tordant pendant
qu'il rêvait.**

A mârâit și a lătrat în somn, răsucindu-se în timp ce visa.


**Buck ne s'est réveillé que lorsque le camp était déjà en train
de prendre vie.**

Buck nu s-a trezit până când tabăra nu a început deja să
prindă viață.

**Au début, il ne savait pas où il était ni ce qui s'était passé.**

La început, nu știa unde se afla sau ce se întâmplase.

**La neige était tombée pendant la nuit et avait complètement
enseveli son corps.**

Ninsoarea căzuse peste noapte și i-a îngropat complet trupul.

**La neige se pressait autour de lui, serrée de tous côtés.**

Zăpada se strângea în jurul lui, strânsă din toate părțile.

**Soudain, une vague de peur traversa tout le corps de Buck.**

Deodată, un val de frică l-a străbătut pe Buck.

**C'était la peur d'être piégé, une peur venue d'instincts profonds.**

Era frica de a fi prins în capcană, o frică provenită din instincte profunde.

**Bien qu'il n'ait jamais vu de piège, la peur vivait en lui.**

Deşi nu văzuse niciodată o capcană, frica trăia în el.

**C'était un chien apprivoisé, mais maintenant ses vieux instincts sauvages se réveillaient.**

Era un câine îmblânzit, dar acum vechile sale instincte sălbatice se trezeau.

**Les muscles de Buck se tendirent et sa fourrure se dressa sur tout son dos.**

Muşchii lui Buck s-au încordat, iar blana i s-a zbârlit pe toată spatele.

**Il grogna férocement et bondit droit dans la neige.**

A mârâit furios şi a sărit drept în sus prin zăpadă.

**La neige volait dans toutes les directions alors qu'il faisait irruption dans la lumière du jour.**

Zăpada zbura în toate direcțiile în timp ce el țâşnea la lumina zilei.

**Avant même d'atterrir, Buck vit le camp s'étendre devant lui.**

Chiar înainte de a ateriza, Buck văzu tabăra întinsă în faţa lui.

**Il se souvenait de tout ce qui s'était passé à la veille, d'un seul coup.**

Şi-a amintit totul de ziua precedentă, dintr-o dată.

**Il se souvenait d'avoir flâné avec Manuel et d'avoir fini à cet endroit.**

Îşi amintea cum se plimbase cu Manuel şi cum ajunsese în locul acesta.

**Il se souvenait avoir creusé le trou et s'être endormi dans le froid.**

Îşi amintea cum săpase groapa şi adormise în frig.

**Maintenant, il était réveillé et le monde sauvage qui l'entourait était clair.**

Acum era treaz, iar lumea sălbatică din jurul lui era limpede.

**Un cri de François salua l'apparition soudaine de Buck.**

Un strigăt din partea lui François a anunțat apariția neașteptată a lui Buck.

**« Qu'est-ce que j'ai dit ? » cria le conducteur du chien à Perrault.**

„Ce-am spus?", i-a strigat tare vizitiul câinelui lui Perrault.

**« Ce Buck apprend vraiment très vite », a ajouté François.**

„Buck ăla învață cu siguranță repede", a adăugat François.

**Perrault hocha gravement la tête, visiblement satisfait du résultat.**

Perrault dădu grav din cap, evident mulțumit de rezultat.

**En tant que courrier pour le gouvernement canadien, il transportait des dépêches.**

Ca curier pentru guvernul canadian, a transportat corespondențe.

**Il était impatient de trouver les meilleurs chiens pour son importante mission.**

Era nerăbdător să găsească cei mai potriviți câini pentru importanta sa misiune.

**Il se sentait particulièrement heureux maintenant que Buck faisait partie de l'équipe.**

Se simțea deosebit de încântat acum că Buck făcea parte din echipă.

**Trois autres huskies ont été ajoutés à l'équipe en une heure.**

Încă trei câini husky au fost adăugați echipei în decurs de o oră.

**Cela porte le nombre total de chiens dans l'équipe à neuf.**

Asta a adus numărul total de câini din echipă la nouă.

**En quinze minutes, tous les chiens étaient dans leurs harnais.**

În cincisprezece minute, toți câinii erau în hamuri.

**L'équipe de traîneaux remontait le sentier en direction du canyon de Dyea.**

Echipa de sanie înainta pe potecă spre Dyea Cañon.

**Buck était heureux de partir, même si le travail à venir était difficile.**

Buck se simțea bucuros că pleca, chiar dacă munca care îl aștepta era grea.

**Il s'est rendu compte qu'il ne détestait pas particulièrement le travail ou le froid.**

A descoperit că nu disprețuia în mod deosebit munca sau frigul.

**Il a été surpris par l'empressement qui a rempli toute l'équipe.**

A fost surprins de nerăbdarea care a cuprins întreaga echipă.

**Encore plus surprenant fut le changement qui s'était produit chez Dave et Solleks.**

Și mai surprinzătoare a fost schimbarea care se produsese la Dave și Solleks.

**Ces deux chiens étaient complètement différents lorsqu'ils étaient attelés.**

Acești doi câini erau complet diferiți când erau înhamați.

**Leur passivité et leur manque d'intérêt avaient complètement disparu.**

Pasivitatea și lipsa lor de grijă dispăruseră complet.

**Ils étaient alertes et actifs, et désireux de bien faire leur travail.**

Erau alerți și activi și dornici să-și facă bine treaba.

**Ils s'irritaient violemment à tout ce qui pouvait provoquer un retard ou une confusion.**

Deveneau extrem de iritați de orice cauza întârzieri sau confuzie.

**Le travail acharné sur les rênes était le centre de tout leur être.**

Munca asiduă la frâie era centrul întregii lor ființe.

**Tirer un traîneau semblait être la seule chose qu'ils appréciaient vraiment.**

Trasul de sanie părea a fi singurul lucru de care le plăcea cu adevărat.

**Dave était à l'arrière du groupe, le plus proche du traîneau lui-même.**

Dave era în spatele grupului, cel mai aproape de sanie.

**Buck a été placé devant Dave, et Solleks a dépassé Buck.**

Buck a fost plasat în fața lui Dave, iar Solleks a luat-o înaintea lui Buck.

**Le reste des chiens était aligné devant eux en file indienne.**

Restul câinilor erau înșirați în față, într-un șir indian.

**La position de tête à l'avant était occupée par Spitz.**

Poziția de lider în față a fost ocupată de Spitz.

**Buck avait été placé entre Dave et Solleks pour l'instruction.**

Buck fusese plasat între Dave și Solleks pentru instruire.

**Il apprenait vite et ils étaient des professeurs fermes et compétents.**

El învăța repede, iar ei erau profesori fermi și capabili.

**Ils n'ont jamais permis à Buck de rester longtemps dans l'erreur.**

Nu i-au permis niciodată lui Buck să rămână în greșeală mult timp.

**Ils ont enseigné leurs leçons avec des dents acérées quand c'était nécessaire.**

Își predau lecțiile cu dinți ascuțiți atunci când era nevoie.

**Dave était juste et faisait preuve d'une sagesse calme et sérieuse.**

Dave a fost corect și a dat dovadă de un fel de înțelepciune discretă și serioasă.

**Il n'a jamais mordu Buck sans une bonne raison de le faire.**

Nu l-a mușcat niciodată pe Buck fără un motiv întemeiat să o facă.

**Mais il n'a jamais manqué de mordre lorsque Buck avait besoin d'être corrigé.**

Dar nu ezita niciodată să muște când Buck avea nevoie de corecție.

**Le fouet de François était toujours prêt et soutenait leur autorité.**

Biciul lui François era mereu gata de atac și le susținea autoritatea.

**Buck a vite compris qu'il valait mieux obéir que riposter.**

Buck și-a dat seama curând că era mai bine să asculte decât să riposteze.

**Un jour, lors d'un court repos, Buck s'est emmêlé dans les rênes.**

Odată, în timpul unei scurte pauze, Buck s-a încurcat în hățuri.

**Il a retardé le départ et a perturbé le mouvement de l'équipe.**

A întârziat începutul și a încurcat mișcarea echipei.

**Dave et Solleks se sont jetés sur lui et lui ont donné une raclée.**

Dave și Solleks au zburat spre el și l-au bătut zdravăn.

**L'enchevêtrement n'a fait qu'empirer, mais Buck a bien appris sa leçon.**

Încurcătura s-a înrăutățit, dar Buck și-a învățat bine lecția.

**Dès lors, il garda les rênes tendues et travailla avec soin.**

De atunci încolo, a ținut hățurile întinse și a lucrat cu grijă.

**Avant la fin de la journée, Buck avait maîtrisé une grande partie de sa tâche.**

Înainte de sfârșitul zilei, Buck își stăpânise deja o mare parte din sarcină.

**Ses coéquipiers ont presque arrêté de le corriger ou de le mordre.**

Coechipierii lui aproape că au încetat să-l mai corecteze sau să-l muște.

**Le fouet de François claquait de moins en moins souvent dans l'air.**

Biciul lui François trosnea prin aer din ce în ce mai rar.

**Perrault a même soulevé les pieds de Buck et a soigneusement examiné chaque patte.**

Perrault a ridicat chiar și picioarele lui Buck și a examinat cu atenție fiecare labă.

**Cela avait été une journée de course difficile, longue et épuisante pour eux tous.**

Fusese o zi grea de alergare, lungă și epuizantă pentru toți.

**Ils remontèrent le Cañon, traversèrent Sheep Camp et passèrent devant les Scales.**

Au călătorit în sus pe Canion, prin Tabăra Oilor și pe lângă Cântar.

**Ils ont traversé la limite des forêts, puis des glaciers et des congères de plusieurs mètres de profondeur.**

Au traversat limita pădurii, apoi ghețari și troiene de zăpadă adânci de mulți metri.

**Ils ont escaladé la grande et froide chaîne de montagnes Chilkoot Divide.**

Au escaladat marele și neprimitorul deal Chilkoot Divide.

**Cette haute crête se dressait entre l'eau salée et l'intérieur gelé.**

Acea creastă înaltă se afla între apa sărată și interiorul înghețat.

**Les montagnes protégeaient le Nord triste et solitaire avec de la glace et des montées abruptes.**

Munții păzeau Nordul trist și singuratic cu gheață și urcușuri abrupte.

**Ils ont parcouru à bon rythme une longue chaîne de lacs en aval de la ligne de partage des eaux.**

Au coborât repede un lanț lung de lacuri, sub despărțitor.

**Ces lacs remplissaient les anciens cratères de volcans éteints.**

Acele lacuri au umplut craterele antice ale vulcanilor stinși.

**Tard dans la nuit, ils atteignirent un grand camp au bord du lac Bennett.**

Târziu în acea noapte, au ajuns la o tabără mare la Lacul Bennett.

**Des milliers de chercheurs d'or étaient là, construisant des bateaux pour le printemps.**

Mii de căutători de aur erau acolo, construind bărci pentru primăvară.

**La glace allait bientôt se briser et ils devaient être prêts.**

Gheața urma să se spargă în curând și trebuiau să fie pregătiți.

**Buck creusa son trou dans la neige et tomba dans un profond sommeil.**

Buck și-a săpat groapa în zăpadă și a căzut într-un somn adânc.

**Il dormait comme un ouvrier, épuisé par une dure journée de travail.**

A dormit ca un om care muncește, epuizat de ziua grea de trudă.

**Mais trop tôt dans l'obscurité, il fut tiré de son sommeil.**

Dar prea devreme, în întuneric, a fost smuls din somn.

**Il fut à nouveau attelé avec ses compagnons et attaché au traîneau.**

A fost din nou înhamat împreună cu tovarășii săi și atașat de sanie.

**Ce jour-là, ils ont parcouru quarante milles, car la neige était bien battue.**

În ziua aceea au făcut patruzeci de mile, pentru că zăpada era bine bătătorită.

**Le lendemain, et pendant plusieurs jours après, la neige était molle.**

A doua zi și multe zile după aceea, zăpada era moale.

**Ils ont dû faire le chemin eux-mêmes, en travaillant plus dur et en avançant plus lentement.**

A trebuit să-și croiască singuri drumul, muncind mai mult și mișcându-se mai încet

**Habituellement, Perrault marchait devant l'équipe avec des raquettes palmées.**

De obicei, Perrault mergea înaintea echipei cu rachete de zăpadă cu pânze.

**Ses pas ont compacté la neige, facilitant ainsi le déplacement du traîneau.**

Pașii lui au împachetat zăpada, ușurând mișcarea saniei.

**François, qui dirigeait depuis le mât, prenait parfois le relais.**

François, care conducea de la bara de direcție, prelua uneori controlul.

**Mais il était rare que François prenne les devants**

Dar era rar ca François să preia conducerea

**parce que Perrault était pressé de livrer les lettres et les colis.**

pentru că Perrault se grăbea să livreze scrisorile și coletele.

**Perrault était fier de sa connaissance de la neige, et surtout de la glace.**

Perrault era mândru de cunoștințele sale despre zăpadă și în special despre gheață.

**Cette connaissance était essentielle, car la glace d'automne était dangereusement mince.**

Această cunoaştere era esenţială, deoarece gheaţa de toamnă era periculos de subţire.

**Là où l'eau coulait rapidement sous la surface, il n'y avait pas du tout de glace.**

Acolo unde apa curgea repede sub suprafaţă, nu exista deloc gheaţă.

**Jour après jour, la même routine se répétait sans fin.**

Zi de zi, aceeaşi rutină se repeta fără sfârşit.

**Buck travaillait sans relâche sur les rênes, de l'aube jusqu'à la nuit.**

Buck a trudit nesfârşit în hăţuri din zori până în noapte.

**Ils quittèrent le camp dans l'obscurité, bien avant le lever du soleil.**

Au părăsit tabăra pe întuneric, cu mult înainte de răsăritul soarelui.

**Au moment où le jour se leva, ils avaient déjà parcouru de nombreux kilomètres.**

Până se lumina de ziuă, erau deja mulţi kilometri în urma lor.

**Ils ont installé leur campement après la tombée de la nuit, mangeant du poisson et creusant dans la neige.**

Şi-au ridicat tabăra după lăsarea întunericului, mâncând peşte şi săpând în zăpadă.

**Buck avait toujours faim et n'était jamais vraiment satisfait de sa ration.**

Buck era mereu flămând şi niciodată cu adevărat mulţumit de raţia sa.

**Il recevait une livre et demie de saumon séché chaque jour.**

El primea o jumătate de kilogram de somon uscat în fiecare zi.

**Mais la nourriture semblait disparaître en lui, laissant la faim derrière elle.**

Dar mâncarea părea să dispară în el, lăsând în urmă foamea.

**Il souffrait constamment de la faim et rêvait de plus de nourriture.**

Suferea de foame constantă şi visa la mai multă mâncare.

**Les autres chiens n'ont pris qu'une livre, mais ils sont restés forts.**

Ceilalți câini au primit doar o jumătate de kilogram de mâncare, dar au rămas puternici.

**Ils étaient plus petits et étaient nés dans le mode de vie du Nord.**

Erau mai mici și se născuseră în viața nordică.

**Il perdit rapidement la méticulosité qui avait marqué son ancienne vie.**

A pierdut repede meticulozitatea care îi marcase vechea viață.

**Il avait été un mangeur délicat, mais maintenant ce n'était plus possible.**

Fusese un mâncător delicat, dar acum asta nu mai era posibil.

**Ses camarades ont terminé premiers et lui ont volé sa ration inachevée.**

Prietenii lui au terminat primii și l-au jefuit de rația neterminată.

**Une fois qu'ils ont commencé, il n'y avait aucun moyen de défendre sa nourriture contre eux.**

Odată ce au început, nu a mai existat nicio modalitate de a-i apăra mâncarea de ei.

**Pendant qu'il combattait deux ou trois chiens, les autres volaient le reste.**

În timp ce el alunga doi sau trei câini, ceilalți i-au furat pe restul.

**Pour résoudre ce problème, il a commencé à manger aussi vite que les autres.**

Ca să rezolve asta, a început să mănânce la fel de repede cum mâncau ceilalți.

**La faim le poussait tellement qu'il prenait même de la nourriture qui n'était pas la sienne.**

Foamea l-a împins atât de tare încât a luat chiar și mâncare care nu era a lui.

**Il observait les autres et apprenait rapidement de leurs actions.**

I-a observat pe ceilalți și a învățat repede din faptele lor.

**Il a vu Pike, un nouveau chien, voler une tranche de bacon à Perrault.**

L-a văzut pe Pike, un câine nou-nouț, furând o felie de slănină de la Perrault.

**Pike avait attendu que Perrault ait le dos tourné pour voler le bacon.**

Pike aşteptase până când Perrault se întorsese cu spatele ca să fure slănina.

**Le lendemain, Buck a copié Pike et a volé tout le morceau.**

A doua zi, Buck l-a copiat pe Pike şi a furat toată bucata.

**Un grand tumulte s'ensuivit, mais Buck ne fut pas suspecté.**

A urmat o mare gălăgie, dar Buck nu a fost bănuit.

**Dub, un chien maladroit qui se faisait toujours prendre, a été puni à la place.**

Dub, un câine neîndemânatic care era mereu prins, a fost pedepsit în schimb.

**Ce premier vol a fait de Buck un chien apte à survivre dans le Nord.**

Primul furt l-a marcat pe Buck ca un câine apt să supravieţuiască în Nord.

**Il a montré qu'il pouvait s'adapter à de nouvelles conditions et apprendre rapidement.**

A demonstrat că se poate adapta la condiţii noi şi că poate învăţa repede.

**Sans une telle adaptabilité, il serait mort rapidement et gravement.**

Fără o astfel de adaptabilitate, ar fi murit repede şi rău.

**Cela a également marqué l'effondrement de sa nature morale et de ses valeurs passées.**

De asemenea, a marcat prăbuşirea naturii sale morale şi a valorilor din trecut.

**Dans le Southland, il avait vécu sous la loi de l'amour et de la bonté.**

În Southland, trăise sub legea iubirii şi a bunătăţii.

**Là, il était logique de respecter la propriété et les sentiments des autres chiens.**

Acolo avea sens să respecţi proprietatea şi sentimentele altor câini.

**Mais le Northland suivait la loi du gourdin et la loi du croc.**

Dar Northland-ul a urmat legea măciucii și legea colțului.

**Quiconque respectait les anciennes valeurs ici était stupide et échouerait.**

Oricine a respectat vechile valori aici a fost nechibzuit și ar eșua.

**Buck n'a pas réfléchi à tout cela dans son esprit.**

Buck nu și-a dat seama de toate acestea.

**Il était en forme et s'est donc adapté sans avoir besoin de réfléchir.**

Era în formă, așa că s-a adaptat fără a fi nevoie să se gândească.

**De toute sa vie, il n'avait jamais fui un combat.**

Toată viața lui, nu fugise niciodată de o luptă.

**Mais la massue en bois de l'homme au pull rouge a changé cette règle.**

Dar bâta de lemn a bărbatului în pulover roșu a schimbat regula.

**Il suivait désormais un code plus profond et plus ancien, inscrit dans son être.**

Acum urma un cod mai profund, mai vechi, înscris în ființa sa.

**Il ne volait pas par plaisir, mais par faim.**

Nu a furat din plăcere, ci din durerea foamei.

**Il n'a jamais volé ouvertement, mais il a volé avec ruse et prudence.**

Nu a jefuit niciodată pe față, ci a furat cu viclenie și grijă.

**Il a agi par respect pour la massue en bois et par peur du croc.**

A acționat din respect pentru bâta de lemn și din teama de colț.

**En bref, il a fait ce qui était plus facile et plus sûr que de ne pas le faire.**

Pe scurt, a făcut ceea ce era mai ușor și mai sigur decât să nu o facă.

**Son développement – ou peut-être son retour à ses anciens instincts – fut rapide.**

Dezvoltarea sa – sau poate revenirea la vechile instincte – a fost rapidă.

**Ses muscles se durcirent jusqu'à devenir aussi forts que du fer.**
Mușchii i s-au întărit până când au părut la fel de puternici ca fierul.

**Il ne se souciait plus de la douleur, à moins qu'elle ne soit grave.**
Nu-i mai păsa de durere, decât dacă era serioasă.

**Il est devenu efficace à l'intérieur comme à l'extérieur, ne gaspillant rien du tout.**
A devenit eficient pe dinăuntru și pe dinafară, fără a irosi absolut nimic.

**Il pouvait manger des choses viles, pourries ou difficiles à digérer.**
Putea mânca lucruri oribile, putrede sau greu de digerat.

**Quoi qu'il mange, son estomac utilisait jusqu'au dernier morceau de valeur.**
Orice ar fi mâncat, stomacul său folosea până la ultima fărâmă de valoare.

**Son sang transportait les nutriments loin dans son corps puissant.**
Sângele său transporta nutrienții departe prin corpul său puternic.

**Cela a créé des tissus solides qui lui ont donné une endurance incroyable.**
Acest lucru i-a construit țesuturi puternice care i-au oferit o rezistență incredibilă.

**Sa vue et son odorat sont devenus beaucoup plus sensibles qu'avant.**
Văzul și mirosul lui au devenit mult mai sensibile decât înainte.

**Son ouïe est devenue si fine qu'il pouvait détecter des sons faibles pendant son sommeil.**
Auzul i-a devenit atât de ascuțit încât putea detecta sunete slabe în somn.

**Il savait dans ses rêves si les sons signifiaient sécurité ou danger.**

Ştia în visele sale dacă sunetele însemnau siguranţă sau pericol.

**Il a appris à mordre la glace entre ses orteils avec ses dents.**

A învăţat să muşte gheaţa dintre degetele de la picioare cu dinţii.

**Si un point d'eau gelait, il brisait la glace avec ses jambes.**

Dacă o groapă de apă îngheţa, el spargea gheaţa cu picioarele.

**Il se cabra et frappa violemment la glace avec ses membres antérieurs raides.**

S-a ridicat cabrat şi a lovit puternic gheaţa cu membrele din faţă înţepenite.

**Sa capacité la plus frappante était de prédire les changements de vent pendant la nuit.**

Cea mai izbitoare abilitate a sa era prezicerea schimbărilor de vânt peste noapte.

**Même lorsque l'air était calme, il choisissait des endroits abrités du vent.**

Chiar şi atunci când aerul era nemişcat, el alegea locuri adăpostite de vânt.

**Partout où il creusait son nid, le vent du lendemain le passait à côté de lui.**

Oriunde şi-a săpat cuibul, vântul de a doua zi a trecut pe lângă el.

**Il finissait toujours par se blottir et se protéger, sous le vent.**

Întotdeauna sfârşea confortabil şi protejat, sub vânt.

**Buck n'a pas seulement appris par l'expérience : son instinct est également revenu.**

Buck nu numai că a învăţat din experienţă – şi instinctele i-au revenit.

**Les habitudes des générations domestiquées ont commencé à disparaître.**

Obiceiurile generaţiilor domesticite au început să dispară.

**De manière vague, il se souvenait des temps anciens de sa race.**

În moduri vagi, îşi amintea de vremurile străvechi ale rasei sale.

**Il repensa à l'époque où les chiens sauvages couraient en meute dans les forêts.**

S-a gândit la vremea când câinii sălbatici alergau în haite prin păduri.

**Ils avaient poursuivi et tué leur proie en la poursuivant.**

Și-au urmărit și ucis prada în timp ce o goneau.

**Il était facile pour Buck d'apprendre à se battre avec force et rapidité.**

Lui Buck i-a fost ușor să învețe să lupte cu dinți și viteză.

**Il utilisait des coupures, des entailles et des coups rapides, tout comme ses ancêtres.**

Folosea tăieturi, lovituri și pocnete rapide exact ca strămoșii săi.

**Ces ancêtres se sont réveillés en lui et ont réveillé sa nature sauvage.**

Acei strămoși s-au mișcat în el și i-au trezit natura sălbatică.

**Leurs anciennes compétences lui avaient été transmises par le sang.**

Vechile lor abilități îi transmiseseră prin linie genealogică.

**Leurs tours étaient désormais à lui, sans besoin de pratique ni d'effort.**

Trucurile lor erau acum ale lui, fără a fi nevoie de exersare sau efort.

**Lors des nuits calmes et froides, Buck levait le nez et hurlait.**

În nopțile liniștite și reci, Buck își ridica nasul și urla.

**Il hurla longuement et profondément, comme le faisaient les loups autrefois.**

A urlat prelung și adânc, așa cum făcuseră lupii cu mult timp în urmă.

**À travers lui, ses ancêtres morts pointaient leur nez et hurlaient.**

Prin intermediul lui, strămoșii săi morți își îndreptau nasurile și urlau.

**Ils ont hurlé à travers les siècles avec sa voix et sa forme.**

Au urlat de-a lungul secolelor în vocea și înfățișarea lui.

**Ses cadences étaient les leurs, de vieux cris qui parlaient de chagrin et de froid.**

Cadențele lui erau ale lor, strigăte vechi care vorbeau despre durere și frig.

**Ils chantaient l'obscurité, la faim et le sens de l'hiver.**

Au cântat despre întuneric, despre foame și despre semnificația iernii.

**Buck a prouvé que la vie est façonnée par des forces qui nous dépassent.**

Buck a demonstrat cum viața este modelată de forțe dincolo de noi înșine,

**L'ancienne chanson s'éleva à travers Buck et s'empara de son âme.**

cântecul străvechi s-a înălțat prin Buck și i-a cuprins sufletul.

**Il s'est retrouvé parce que les hommes avaient trouvé de l'or dans le Nord.**

S-a găsit pe sine pentru că oamenii găsiseră aur în Nord.

**Et il s'est retrouvé parce que Manuel, l'aide du jardinier, avait besoin d'argent.**

Și s-a regăsit pentru că Manuel, ajutorul grădinarului, avea nevoie de bani.

## La Bête Primordiale Dominante
### Bestia Primordială Dominanta

**La bête primordiale dominante était aussi forte que jamais en Buck.**
Bestia primordială dominantă era la fel de puternică ca întotdeauna în Buck.
**Mais la bête primordiale dominante sommeillait en lui.**
Dar fiara primordială dominantă zăcuse latentă în el.
**La vie sur le sentier était dure, mais elle renforçait la bête qui sommeillait en Buck.**
Viața pe drumul cel bun era grea, dar întărea fiara din Buck.
**Secrètement, la bête devenait de plus en plus forte chaque jour.**
În secret, fiara devenea din ce în ce mai puternică pe zi ce trece.
**Mais cette croissance intérieure est restée cachée au monde extérieur.**
Dar acea creştere interioară a rămas ascunsă lumii exterioare.
**Une force primordiale, calme et tranquille, se construisait à l'intérieur de Buck.**
O forță primordială, liniştită şi calmă, se clădea în interiorul lui Buck.
**Une nouvelle ruse a donné à Buck l'équilibre, le calme, le contrôle et l'équilibre.**
Noua viclenie i-a dat lui Buck echilibru, calm, control şi atitudine.
**Buck s'est concentré sur son adaptation, sans jamais se sentir complètement détendu.**
Buck s-a concentrat din greu pe adaptare, fără să se simtă niciodată complet relaxat.
**Il évitait les conflits, ne déclenchait jamais de bagarres et ne cherchait jamais les ennuis.**
El evita conflictele, nu inițiază niciodată certuri şi nici nu caută probleme.
**Une réflexion lente et constante façonnait chaque mouvement de Buck.**

O gândire lentă şi constantă îi modela fiecare mişcare lui Buck.

**Il évitait les choix irréfléchis et les décisions soudaines et imprudentes.**

A evitat alegerile pripite şi deciziile bruşte şi nesăbuite.

**Bien que Buck détestait profondément Spitz, il ne lui montrait aucune agressivité.**

Deşi Buck îl ura profund pe Spitz, nu i-a arătat nicio agresivitate.

**Buck n'a jamais provoqué Spitz et a gardé ses actions contenues.**

Buck nu l-a provocat niciodată pe Spitz şi şi-a ţinut acţiunile reţinute.

**Spitz, de son côté, sentait le danger grandissant chez Buck.**

Spitz, pe de altă parte, a simţit pericolul crescând la Buck.

**Il considérait Buck comme une menace et un sérieux défi à son pouvoir.**

El îl vedea pe Buck ca pe o ameninţare şi o provocare serioasă la adresa puterii sale.

**Il profitait de chaque occasion pour grogner et montrer ses dents acérées.**

A folosit fiecare ocazie să mârâie şi să-şi arate dinţii ascuţiţi.

**Il essayait de déclencher le combat mortel qui devait avoir lieu.**

Încerca să înceapă lupta mortală care trebuia să urmeze.

**Au début du voyage, une bagarre a failli éclater entre eux.**

La începutul călătoriei, era cât pe ce să izbucnească o ceartă între ei.

**Mais un accident inattendu a empêché le combat d'avoir lieu.**

Însă un accident neaşteptat a oprit lupta.

**Ce soir-là, ils installèrent leur campement sur le lac Le Barge, extrêmement froid.**

În seara aceea şi-au stabilit tabăra pe lacul extrem de rece Le Barge.

**La neige tombait fort et le vent soufflait comme un couteau.**

Ninsoarea cădea tare, iar vântul tăia ca un cuţit.

**La nuit était venue trop vite et l'obscurité les entourait.**

Noaptea venise prea repede și întunericul îi înconjura.

**Ils n'auraient pas pu choisir un pire endroit pour se reposer.**

Cu greu ar fi putut alege un loc mai rău pentru odihnă.

**Les chiens cherchaient désespérément un endroit où se coucher.**

Câinii căutau cu disperare un loc unde să se culce.

**Un haut mur de roche s'élevait abruptement derrière le petit groupe.**

Un perete înalt de stâncă se înălța abrupt în spatele micului grup.

**La tente avait été laissée à Dyea pour alléger la charge.**

Cortul fusese lăsat în urmă în Dyea pentru a ușura povara.

**Ils n'avaient pas d'autre choix que d'allumer le feu sur la glace elle-même.**

Nu au avut de ales decât să facă focul chiar pe gheață.

**Ils étendent leurs robes de nuit directement sur le lac gelé.**

Și-au întins hainele de dormit direct pe lacul înghețat.

**Quelques bâtons de bois flotté leur ont donné un peu de feu.**

Câteva bețe de lemn plutitor le-au dat puțin foc.

**Mais le feu s'est allumé sur la glace et a fondu à travers elle.**

Dar focul a fost aprins pe gheață și s-a dezghețat prin ea.

**Finalement, ils mangeaient leur dîner dans l'obscurité.**

În cele din urmă, își mâncau cina în întuneric.

**Buck s'est recroquevillé près du rocher, à l'abri du vent froid.**

Buck se ghemui lângă stâncă, adăpostit de vântul rece.

**L'endroit était si chaud et sûr que Buck détestait déménager.**

Locul era atât de cald și sigur încât Buck ura să se îndepărteze.

**Mais François avait réchauffé le poisson et distribuait les rations.**

Dar François încălzise peștele și împărțea rații.

**Buck finit de manger rapidement et retourna dans son lit.**

Buck termină repede de mâncat și se întoarse în pat.

**Mais Spitz était maintenant allongé là où Buck avait fait son lit.**

Dar Spitz stătea acum întins acolo unde Buck își făcuse patul.

**Un grognement sourd avertit Buck que Spitz refusait de bouger.**

Un mârâit surd îl avertiză pe Buck că Spitz refuza să se miște.

Un mârâit înfundat l-a avertizat pe Buck că Spitz refuza să se mişte.

**Jusqu'à présent, Buck avait évité ce combat avec Spitz.**

Până acum, Buck evitase această luptă cu Spitz.

**Mais au plus profond de Buck, la bête s'est finalement libérée.**

Dar, în adâncul lui Buck, fiara s-a dezlănţuit în cele din urmă.

**Le vol de son lieu de couchage était trop difficile à tolérer.**

Furtul locului său de dormit era prea greu de tolerat.

**Buck se lança sur Spitz, plein de colère et de rage.**

Buck s-a năpustit asupra lui Spitz, plin de furie şi mânie.

**Jusqu'à présent, Spitz pensait que Buck n'était qu'un gros chien.**

Până acum, Spitz crezuse că Buck era doar un câine mare.

**Il ne pensait pas que Buck avait survécu grâce à son esprit.**

Nu credea că Buck supravieţuise datorită spiritului său.

**Il s'attendait à la peur et à la lâcheté, pas à la fureur et à la vengeance.**

Se aştepta la frică şi laşitate, nu la furie şi răzbunare.

**François regarda les deux chiens sortir du nid en ruine.**

François se holba cum ambii câini ţâşneau din cuibul distrus.

**Il comprit immédiatement ce qui avait déclenché cette lutte sauvage.**

A înţeles imediat ce declanşase lupta aceea sălbatică.

**« Aa-ah ! » s'écria François en soutien au chien brun.**

„Aa-ah!" a strigat François în semn de susţinere a câinelui maro.

**« Frappez-le ! Par Dieu, punissez ce voleur sournois ! »**

„Dă-i o bătaie! Pedepseşte-l pe hoţul ăsta viclean!"

**Spitz a montré une volonté égale et une impatience folle de se battre.**

Spitz a dat dovadă de o disponibilitate egală şi o nerăbdare sălbatică de a lupta.

**Il cria de rage tout en tournant rapidement en rond, cherchant une ouverture.**

A ţipat de furie în timp ce se învârtea rapid în jurul lui, căutând o deschidere.

**Buck a montré la même soif de combat et la même prudence.**

Buck a dat dovadă de aceeași sete de luptă și de aceeași prudență.

**Il a également encerclé son adversaire, essayant de prendre le dessus dans la bataille.**

Și-a înconjurat și el adversarul, încercând să câștige avantajul în luptă.

**Puis quelque chose d'inattendu s'est produit et a tout changé.**

Apoi s-a întâmplat ceva neașteptat și a schimbat totul.

**Ce moment a retardé l'éventuelle lutte pour le leadership.**

Acel moment a amânat lupta finală pentru conducere.

**De nombreux kilomètres de piste et de lutte attendaient encore avant la fin.**

Multe kilometri de potecă și luptă îi așteptau încă până la sfârșit.

**Perrault cria un juron tandis qu'une massue frappait un os.**

Perrault a înjurat în timp ce o bâtă s-a izbit de os.

**Un cri aigu de douleur suivit, puis le chaos explosa tout autour.**

A urmat un țipăt ascuțit de durere, apoi haosul a explodat în jur.

**Des formes sombres se déplaçaient dans le camp ; des huskies sauvages, affamés et féroces.**

Siluete întunecate se mișcau în tabără; câini husky sălbatici, înfometați și feroce.

**Quatre ou cinq douzaines de huskies avaient reniflé le camp de loin.**

Patru sau cinci duzini de câini husky adulmecaseră tabăra de departe.

**Ils s'étaient glissés discrètement pendant que les deux chiens se battaient à proximité.**

Se strecuraseră înăuntru în liniște, în timp ce cei doi câini se luptau în apropiere.

**François et Perrault chargèrent en brandissant des massues sur les envahisseurs.**

François și Perrault au atacat, lovind cu bâte asupra invadatorilor.

**Les huskies affamés ont montré les dents et ont riposté avec frénésie.**

Câinii husky înfometați și-au arătat colții și au ripostat frenetici.

**L'odeur de la viande et du pain les avait chassés de toute peur.**

Mirosul de carne și pâine îi alungase orice teamă.

**Perrault battait un chien qui avait enfoui sa tête dans la boîte à nourriture.**

Perrault a bătut un câine care își îngropase capul în lada cu mâncare.

**Le coup a été violent et la boîte s'est retournée, la nourriture s'est répandue.**

Lovitura a lovit puternic, iar cutia s-a răsturnat, mâncarea vărsându-se afară.

**En quelques secondes, une vingtaine de bêtes sauvages déchirèrent le pain et la viande.**

În câteva secunde, o zece fiare sălbatice au sfâșiat pâinea și carnea.

**Les gourdin masculins ont porté coup sur coup, mais aucun chien ne s'est détourné.**

Bâtele bărbaților loveau după lovitură, dar niciun câine nu se întorsese.

**Ils hurlaient de douleur, mais se battaient jusqu'à ce qu'il ne reste plus de nourriture.**

Au urlat de durere, dar au luptat până când nu a mai rămas nimic de mâncare.

**Pendant ce temps, les chiens de traîneau avaient sauté de leurs lits enneigés.**

Între timp, câinii de sanie săriseră din paturile lor înzăpezite.

**Ils ont été immédiatement attaqués par les huskies vicieux et affamés.**

Au fost atacați instantaneu de husky-ii flămânzi și feroce.

**Buck n'avait jamais vu de créatures aussi sauvages et affamées auparavant.**

Buck nu mai văzuse niciodată creaturi atât de sălbatice și înfometate.

**Leur peau pendait librement, cachant à peine leur squelette.**

Pielea lor atârna moale, abia ascunzându-le scheletele.

**Il y avait un feu dans leurs yeux, de faim et de folie**

Era o flacără în ochii lor, de la foame și nebunie

**Il n'y avait aucun moyen de les arrêter, aucune résistance à leur ruée sauvage.**

Nu exista nicio modalitate de a-i opri; nicio modalitate de a le rezista năvalei sălbatice.

**Les chiens de traîneau furent repoussés, pressés contre la paroi de la falaise.**

Câinii de sanie au fost împinși înapoi, lipiți de peretele stâncii.

**Trois huskies ont attaqué Buck en même temps, déchirant sa chair.**

Trei câini husky l-au atacat pe Buck deodată, sfâșiindu-i carnea.

**Du sang coulait de sa tête et de ses épaules, là où il avait été coupé.**

Sângele îi curgea șiroaie din cap și din umeri, unde fusese tăiat.

**Le bruit remplissait le camp : grognements, cris et cris de douleur.**

Zgomotul umplea tabăra; mârâite, schelălăite și strigăte de durere.

**Billee pleurait fort, comme d'habitude, prise dans la mêlée et la panique.**

Billee a plâns tare, ca de obicei, prins în încăierare și panică.

**Dave et Solleks se tenaient côte à côte, saignant mais provocants.**

Dave și Solleks stăteau unul lângă altul, sângerând, dar sfidători.

**Joe s'est battu comme un démon, mordant tout ce qui s'approchait.**

Joe se lupta ca un demon, mușcând tot ce se apropia.

**Il a écrasé la jambe d'un husky d'un claquement brutal de ses mâchoires.**

A zdrobit piciorul unui husky cu o singură pocnitură brutală a fălcilor.

**Pike a sauté sur le husky blessé et lui a brisé le cou instantanément.**

Pike a sărit pe husky-ul rănit și i-a rupt gâtul instantaneu.

**Buck a attrapé un husky par la gorge et lui a déchiré la veine.**

Buck a prins un husky de gât și i-a sfâșiat vena.

**Le sang gicla et le goût chaud poussa Buck dans une frénésie.**

Sângele a țâșnit, iar gustul cald l-a făcut pe Buck să intre în frenezie.

**Il s'est jeté sur un autre agresseur sans hésitation.**

S-a aruncat asupra unui alt atacator fără ezitare.

**Au même moment, des dents acérées s'enfoncèrent dans la gorge de Buck.**

În același moment, niște dinți ascuțiți i se înfipseră în gâtul lui Buck.

**Spitz avait frappé de côté, attaquant sans avertissement.**

Spitz lovise din lateral, atacând fără avertisment.

**Perrault et François avaient vaincu les chiens en volant la nourriture.**

Perrault și François i-au învins pe câinii care furau mâncarea.

**Ils se sont alors précipités pour aider leurs chiens à repousser les attaquants.**

Acum s-au grăbit să-și ajute câinii să riposteze împotriva atacatorilor.

**Les chiens affamés se retirèrent tandis que les hommes brandissaient leurs gourdins.**

Câinii înfometați s-au retras în timp ce bărbații își loveau bâtele.

**Buck s'est libéré de l'attaque, mais l'évasion a été brève.**

Buck a scăpat din atac, dar evadarea a fost scurtă.

**Les hommes ont couru pour sauver leurs chiens, et les huskies ont de nouveau afflué.**

Bărbații au alergat să-și salveze câinii, iar husky-ii au năvălit din nou în roi.

**Billee, effrayé et courageux, sauta dans la meute de chiens.**

Billee, înspăimântat și curajos, sări în haita de câini.

**Mais il s'est alors enfui sur la glace, saisi de terreur et de panique.**

Dar apoi a fugit peste gheață, cuprins de teroare și panică.

**Pike et Dub suivaient de près, courant pour sauver leur vie.**

Pike și Dub i-au urmat îndeaproape, fugind să-și salveze viața.

**Le reste de l'équipe s'est séparé et dispersé, les suivant.**

Restul echipei s-a împrăștiat, urmându-i.

**Buck rassembla ses forces pour courir, mais vit alors un éclair.**

Buck și-a adunat puterile să alerge, dar apoi a văzut o străfulgerare.

**Spitz s'est jeté sur le côté de Buck, essayant de le faire tomber au sol.**

Spitz s-a repezit la Buck, încercând să-l trântească la pământ.

**Sous cette foule de huskies, Buck n'aurait eu aucune échappatoire.**

Sub gloata aceea de câini husky, Buck n-ar fi avut scăpare.

**Mais Buck est resté ferme et s'est préparé au coup de Spitz.**

Dar Buck a rămas neclintit și s-a pregătit pentru lovitura lui Spitz.

**Puis il s'est retourné et a couru sur la glace avec l'équipe en fuite.**

Apoi s-a întors și a fugit pe gheață cu echipa care fugea.


**Plus tard, les neuf chiens de traîneau se sont rassemblés à l'abri des bois.**

Mai târziu, cei nouă câini de sanie s-au adunat la adăpostul pădurii.

**Personne ne les poursuivait plus, mais ils étaient battus et blessés.**

Nimeni nu i-a mai urmărit, dar au fost bătuți și răniți.

**Chaque chien avait des blessures ; quatre ou cinq coupures profondes sur chaque corps.**

Fiecare câine avea răni; patru sau cinci tăieturi adânci pe fiecare corp.

**Dub avait une patte arrière blessée et avait du mal à marcher maintenant.**

Dub avea un picior din spate rănit și acum se chinuia să meargă.

**Dolly, le nouveau chien de Dyea, avait la gorge tranchée.**

Dolly, cea mai nouă cățelușă din Dyea, avea gâtul tăiat.

**Joe avait perdu un œil et l'oreille de Billee était coupée en morceaux**

Joe își pierduse un ochi, iar urechea lui Billee fusese tăiată în bucăți.

**Tous les chiens ont crié de douleur et de défaite toute la nuit.**

Toți câinii au plâns de durere și înfrângere toată noaptea.

**À l'aube, ils retournèrent au camp, endoloris et brisés.**

În zori s-au strecurat înapoi în tabără, îndurerați și zdrobiți.

**Les huskies avaient disparu, mais le mal était fait.**

Câinii husky dispăruseră, dar paguba fusese făcută.

**Perrault et François étaient de mauvaise humeur à cause de la ruine.**

Perrault și François stăteau prost dispuși deasupra ruinelor.

**La moitié de la nourriture avait disparu, volée par les voleurs affamés.**

Jumătate din mâncare dispăruse, furată de hoții flămânzi.

**Les huskies avaient déchiré les fixations et la toile du traîneau.**

Câinii husky rupseseră legăturile de sanie și prelata.

**Tout ce qui avait une odeur de nourriture avait été complètement dévoré.**

Orice lucru care mirosea a mâncare fusese devorat complet.

**Ils ont mangé une paire de bottes de voyage en peau d'élan de Perrault.**

Au mâncat o pereche de cizme de călătorie din piele de elan ale lui Perrault.

**Ils ont mâché des reis en cuir et ruiné des sangles au point de les rendre inutilisables.**

Au mestecat reis-uri de piele și au stricat curelele până le-au fost nefolosite.

François cessa de fixer le fouet déchiré pour vérifier les chiens.

François s-a oprit din privit biciul rupt ca să se uite la câini.

« Ah, mes amis », dit-il d'une voix basse et pleine d'inquiétude.

„Ah, prietenii mei", a spus el cu o voce joasă și plină de îngrijorare.

« Peut-être que toutes ces morsures vous transformeront en bêtes folles. »

„Poate că toate mușcăturile astea vă vor transforma în bestii nebune."

« Peut-être que ce sont tous des chiens enragés, sacredam ! Qu'en penses-tu, Perrault ? »

„Poate că toți sunt câini turbați, sancta! Ce crezi, Perrault?"

Perrault secoua la tête, les yeux sombres d'inquiétude et de peur.

Perrault clătină din cap, cu ochii întunecați de îngrijorare și frică.

Il y avait encore quatre cents milles entre eux et Dawson.

Patru sute de mile se mai aflau încă între ei și Dawson.

La folie canine pourrait désormais détruire toute chance de survie.

Nebunia câinilor ar putea distruge acum orice șansă de supraviețuire.

Ils ont passé deux heures à jurer et à essayer de réparer le matériel.

Au petrecut două ore înjurând și încercând să repare echipamentul.

L'équipe blessée a finalement quitté le camp, brisée et vaincue.

Echipa rănită a părăsit în cele din urmă tabăra, înfrântă și zdrobită.

C'était le sentier le plus difficile jusqu'à présent, et chaque pas était douloureux.

Aceasta a fost cea mai grea potecă de până acum, și fiecare pas a fost dureros.

La rivière Thirty Mile n'était pas gelée et coulait à flots.

Râul Thirty Mile nu înghețase și curgea cu putere.

**Ce n'est que dans les endroits calmes et les tourbillons que la glace parvenait à tenir.**

Doar în locuri calme și vârtejuri învolburate gheața a reușit să reziste.

**Six jours de dur labeur se sont écoulés jusqu'à ce que les trente milles soient parcourus.**

Au trecut șase zile de muncă grea până când au fost parcurși cei treizeci de mile.

**Chaque kilomètre parcouru sur le sentier apportait du danger et une menace de mort.**

Fiecare milă a potecii aducea pericol și amenințarea morții.

**Les hommes et les chiens risquaient leur vie à chaque pas douloureux.**

Bărbații și câinii își riscau viața la fiecare pas dureros.

**Perrault a franchi des ponts de glace minces à une douzaine de reprises.**

Perrault a spart poduri subțiri de gheață de o duzină de ori.

**Il portait une perche et la laissait tomber sur le trou que son corps avait fait.**

A cărat o prăjină și a lăsat-o să cadă peste gaura pe care o făcuse corpul său.

**Plus d'une fois, ce poteau a sauvé Perrault de la noyade.**

De mai multe ori, acel stâlp l-a salvat pe Perrault de la înec.

**La vague de froid persistait, l'air était à cinquante degrés en dessous de zéro.**

Valul de frig s-a ținut, aerul era sub cincizeci de grade.

**Chaque fois qu'il tombait, Perrault devait allumer un feu pour survivre.**

De fiecare dată când cădea, Perrault trebuia să aprindă un foc pentru a supraviețui.

**Les vêtements mouillés gelaient rapidement, alors il les séchait près d'une source de chaleur intense.**

Hainele ude înghețau repede, așa că le-a uscat aproape de o căldură arzătoare.

**Aucune peur n'a jamais touché Perrault, et cela a fait de lui un courrier.**

Nicio teamă nu l-a cuprins vreodată pe Perrault, iar asta l-a făcut curier.

**Il a été choisi pour le danger, et il l'a affronté avec une résolution tranquille.**

A fost ales pentru pericol și l-a înfruntat cu o hotărâre liniștită.

**Il s'avança face au vent, son visage ratatiné et gelé.**

A înaintat în vânt, cu fața zbârcită și degerată.

**De l'aube naissante à la tombée de la nuit, Perrault les mena en avant.**

De la zorii palidi până la căderea nopții, Perrault i-a condus mai departe.

**Il marchait sur une étroite bordure de glace qui se fissurait à chaque pas.**

A mers pe gheața îngustă care crăpa la fiecare pas.

**Ils n'osaient pas s'arrêter : chaque pause risquait de provoquer un effondrement mortel.**

Nu îndrăzneau să se oprească – fiecare pauză risca o prăbușire fatală.

**Un jour, le traîneau s'est brisé, entraînant Dave et Buck à l'intérieur.**

Odată, sania a spart calea, trăgându-i pe Dave și Buck înăuntru.

**Au moment où ils ont été libérés, tous deux étaient presque gelés.**

Până când au fost târâți să se elibereze, amândoi erau aproape înghețați.

**Les hommes ont rapidement allumé un feu pour garder Buck et Dave en vie.**

Bărbații au făcut repede un foc pentru a-i ține în viață pe Buck și Dave.

**Les chiens étaient recouverts de glace du nez à la queue, raides comme du bois sculpté.**

Câinii erau acoperiți de gheață din nas până la coadă, țepeni ca lemnul sculptat.

**Les hommes les faisaient courir en rond près du feu pour décongeler leurs corps.**

Bărbații le-au alergat în cerc lângă foc pentru a le dezgheța corpurile.

**Ils se sont approchés si près des flammes que leur fourrure a été brûlée.**

S-au apropiat atât de mult de flăcări încât blana li s-a pârlit.

**Spitz a ensuite brisé la glace, entraînant l'équipe derrière lui.**

Spitz a spart gheața apoi, trăgând echipa în urma lui.

**La cassure s'est étendue jusqu'à l'endroit où Buck tirait.**

Rupa a ajuns până la locul unde trăgea Buck.

**Buck se pencha en arrière, ses pattes glissant et tremblant sur le bord.**

Buck se lăsă puternic pe spate, labele alunecându-i și tremurând pe margine.

**Dave a également tendu vers l'arrière, juste derrière Buck sur la ligne.**

Și Dave s-a întins înapoi, chiar în spatele lui Buck, pe linie.

**François tirait sur le traîneau, ses muscles craquant sous l'effort.**

François a tras de sanie, mușchii îi trosnind de la efort.

**Une autre fois, la glace du bord s'est fissurée devant et derrière le traîneau.**

Altă dată, gheața de pe margine s-a crăpat în fața și în spatele saniei.

**Ils n'avaient d'autre issue que d'escalader une paroi rocheuse gelée.**

Nu aveau nicio ieșire decât să escaladeze un perete de stâncă înghețat.

**Perrault a réussi à escalader le mur, mais un miracle l'a maintenu en vie.**

Perrault a reușit cumva să escaladeze zidul; un miracol l-a ținut în viață.

**François resta en bas, priant pour avoir le même genre de chance.**

François a rămas jos, rugându-se pentru același noroc.

**Ils ont attaché chaque sangle, chaque amarrage et chaque traçage en une seule longue corde.**

Au legat fiecare curea, legături şi fire într-o singură frânghie lungă.

**Les hommes ont hissé chaque chien, un par un, jusqu'au sommet.**

Bărbaţii au târât fiecare câine, unul câte unul, până în vârf.

**François est monté en dernier, après le traîneau et toute la charge.**

François a urcat ultimul, după sanie şi întreaga încărcătură.

**Commença alors une longue recherche d'un chemin pour descendre des falaises.**

Apoi a început o lungă căutare a unei poteci care să coboare de pe stânci.

**Ils sont finalement descendus en utilisant la même corde qu'ils avaient fabriquée.**

În cele din urmă au coborât folosind aceeaşi frânghie pe care o făcuseră.

**La nuit tombait alors qu'ils retournaient au lit de la rivière, épuisés et endoloris.**

S-a lăsat noaptea când s-au întors la albia râului, epuizaţi şi îndoliaţi.

**La journée entière ne leur avait permis de gagner qu'un quart de mile.**

Le-a luat o zi întreagă să parcurgă doar un sfert de milă.

**Au moment où ils atteignirent le Hootalinqua, Buck était épuisé.**

Când au ajuns la Hootalinqua, Buck era deja epuizat.

**Les autres chiens ont tout autant souffert des conditions du sentier.**

Ceilalţi câini au avut la fel de mult de suferit din cauza condiţiilor de pe potecă.

**Mais Perrault avait besoin de récupérer du temps et les poussait chaque jour.**

Dar Perrault avea nevoie să recupereze timp şi i-a forţat în fiecare zi.

**Le premier jour, ils ont parcouru trente miles jusqu'à Big Salmon.**

În prima zi au călătorit treizeci de mile până la Big Salmon.

**Le lendemain, ils parcoururent trente-cinq milles jusqu'à Little Salmon.**

A doua zi au călătorit treizeci și cinci de mile până la Little Salmon.

**Le troisième jour, ils ont parcouru quarante longs kilomètres gelés.**

În a treia zi, au străbătut patruzeci de mile lungi și înghețate.

**À ce moment-là, ils approchaient de la colonie de Five Fingers.**

Până atunci, se apropiau de așezarea Five Fingers.

**Les pieds de Buck étaient plus doux que les pieds durs des huskies indigènes.**

Picioarele lui Buck erau mai moi decât picioarele tari ale husky-urilor nativi.

**Ses pattes étaient devenues plus fragiles au fil des générations civilisées.**

Labele lui deveniseră fragede de-a lungul multor generații civilizate.

**Il y a longtemps, ses ancêtres avaient été apprivoisés par des hommes de la rivière ou des chasseurs.**

Cu mult timp în urmă, strămoșii săi fuseseră îmblânziți de oamenii râului sau de vânători.

**Chaque jour, Buck boitait de douleur, marchant sur des pattes à vif et douloureuses.**

În fiecare zi, Buck șchiopăta de durere, mergând pe labele dureroase și rănite.

**Au camp, Buck tomba comme une forme sans vie sur la neige.**

În tabără, Buck a căzut ca o formă fără viață pe zăpadă.

**Bien qu'affamé, Buck ne s'est pas levé pour manger son repas du soir.**

Deși era înfometat, Buck nu s-a trezit să mănânce cina.

**François apporta sa ration à Buck, en déposant du poisson près de son museau.**

François i-a adus lui Buck rația, punând peștele lângă bot.

**Chaque nuit, le chauffeur frottait les pieds de Buck pendant une demi-heure.**

În fiecare seară, șoferul îi masa picioarele lui Buck timp de o jumătate de oră.

**François a même découpé ses propres mocassins pour en faire des chaussures pour chiens.**

François chiar și-a tăiat propriii mocasini pentru a face încălțăminte pentru câini.

**Quatre chaussures chaudes ont apporté à Buck un grand et bienvenu soulagement.**

Patru pantofi călduroși i-au dat lui Buck o mare și binevenită ușurare.

**Un matin, François oublia ses chaussures et Buck refusa de se lever.**

Într-o dimineață, François a uitat pantofii, iar Buck a refuzat să se trezească.

**Buck était allongé sur le dos, les pieds en l'air, les agitant pitoyablement.**

Buck zăcea pe spate, cu picioarele în aer, fluturându-le jalnic.

**Même Perrault sourit à la vue de l'appel dramatique de Buck.**

Chiar și Perrault a rânjit la vederea pledoariei dramatice a lui Buck.

**Bientôt, les pieds de Buck devinrent durs et les chaussures purent être jetées.**

Curând, picioarele lui Buck s-au întărit, iar pantofii au putut fi aruncați.

**À Pelly, pendant le temps du harnais, Dolly laissait échapper un hurlement épouvantable.**

La Pelly, în timpul orei de ham, Dolly a scos un urlet îngrozitor.

**Le cri était long et rempli de folie, secouant chaque chien.**

Strigătul a fost lung și plin de nebunie, zguduind toți câinii.

**Chaque chien se hérissait de peur sans en connaître la raison.**

Fiecare câine tresări de frică, fără să știe motivul.

**Dolly était devenue folle et s'était jetée directement sur Buck.**

Dolly înnebunise și se aruncase direct asupra lui Buck.

**Buck n'avait jamais vu la folie, mais l'horreur remplissait son cœur.**

Buck nu mai văzuse niciodată nebunia, dar groaza îi umplea inima.

**Sans réfléchir, il se retourna et s'enfuit, complètement paniqué.**

Fără să stea pe gânduri, s-a întors și a fugit cuprins de panică.

**Dolly le poursuivit, les yeux fous, la salive s'échappant de ses mâchoires.**

Dolly l-a urmărit, cu ochii sălbatici și saliva șiroindu-i de pe fălci.

**Elle est restée juste derrière Buck, sans jamais gagner ni reculer.**

Ea a ținut imediat în spatele lui Buck, fără să câștige niciodată teren și fără să se retragă.

**Buck courut à travers les bois, le long de l'île, sur de la glace déchiquetée.**

Buck a alergat prin pădure, pe insulă, peste gheața zimțată.

**Il traversa vers une île, puis une autre, revenant vers la rivière.**

A traversat spre o insulă, apoi spre alta, înconjurând înapoi spre râu.

**Dolly le poursuivait toujours, son grognement le suivant de près à chaque pas.**

Dolly tot îl urmărea, mârâind îndeaproape la fiecare pas.

**Buck pouvait entendre son souffle et sa rage, même s'il n'osait pas regarder en arrière.**

Buck îi putea auzi respirația și furia, deși nu îndrăznea să se uite înapoi.

**François cria de loin, et Buck se tourna vers la voix.**

François a strigat de departe, iar Buck s-a întors spre voce.

**Encore à bout de souffle, Buck courut, plaçant tout espoir en François.**

Încă gâfâind după aer, Buck a trecut în fugă, punându-şi toată speranţa în François.

**Le conducteur du chien leva une hache et attendit que Buck passe à toute vitesse.**

Conducătorul de câine a ridicat un topor şi a aşteptat în timp ce Buck trecea în viteză pe lângă el.

**La hache s'abattit rapidement et frappa la tête de Dolly avec une force mortelle.**

Toporul a căzut repede şi a lovit-o pe Dolly în cap cu o forţă mortală.

**Buck s'est effondré près du traîneau, essoufflé et incapable de bouger.**

Buck s-a prăbuşit lângă sanie, gâfâind şi incapabil să se mişte.

**Ce moment a donné à Spitz l'occasion de frapper un ennemi épuisé.**

Acel moment i-a oferit lui Spitz şansa de a lovi un duşman epuizat.

**Il a mordu Buck à deux reprises, déchirant la chair jusqu'à l'os blanc.**

De două ori l-a muşcat pe Buck, sfâşiind carnea până la osul alb.

**Le fouet de François claqua, frappant Spitz avec toute sa force et sa fureur.**

Biciul lui François trosni, lovindu-l pe Spitz cu o forţă deplină şi furioasă.

**Buck regarda avec joie Spitz recevoir sa raclée la plus dure jusqu'à présent.**

Buck a privit cu bucurie cum Spitz a primit cea mai aspră bătaie de până acum.

**« C'est un diable, ce Spitz », murmura sombrement Perrault pour lui-même.**

„E un diavol, Spitzul ăsta," mormăi Perrault sumbru.

**« Un jour prochain, ce maudit chien tuera Buck, je le jure. »**

„Într-o zi, în curând, câinele ăla blestemat îl va ucide pe Buck – jur."

**« Ce Buck a deux démons en lui », répondit François en hochant la tête.**

„Buck ăsta are doi diavoli în el", răspunse François dând din cap.

« Quand je regarde Buck, je sais que quelque chose de féroce l'attend. »

„Când îl privesc pe Buck, știu că ceva feroce se ascunde în el."

« Un jour, il deviendra fou comme le feu et mettra Spitz en pièces. »

„Într-o zi, se va înfuria ca focul și îl va sfâșia pe Spitz."

« Il va mâcher ce chien et le recracher sur la neige gelée. »

„O să roadă câinele ăla și o să-l scuipe pe zăpada înghețată."

« Bien sûr que non, je le sais au plus profond de moi. »

„Sigur că știu asta în adâncul oaselor mele."

À partir de ce moment-là, les deux chiens étaient engagés dans une guerre.

Din acel moment, cei doi câini au fost prinși într-un război.

Spitz a dirigé l'équipe et a conservé le pouvoir, mais Buck a contesté cela.

Spitz conducea echipa și deținea puterea, dar Buck a contestat acest lucru.

Spitz a vu son rang menacé par cet étrange étranger du Sud.

Spitz își vedea rangul amenințat de acest ciudat străin din Southland.

Buck ne ressemblait à aucun autre chien du sud que Spitz avait connu auparavant.

Buck era diferit de orice câine din sud pe care Spitz îl cunoscuse până atunci.

La plupart d'entre eux ont échoué, trop faibles pour survivre au froid et à la faim.

Majoritatea au eșuat — prea slabi ca să supraviețuiască frigului și foamei.

Ils sont morts rapidement à cause du travail, du gel et de la lenteur de la famine.

Au murit repede din cauza muncii, a gerului și a arsurilor lente ale foametei.

Buck se démarquait : plus fort, plus intelligent et plus sauvage chaque jour.

Buck s-a detașat - mai puternic, mai deștept și mai sălbatic în fiecare zi.

**Il a prospéré dans les difficultés, grandissant jusqu'à égaler les huskies du Nord.**

A prosperat în greutăți, devenind egal cu husky-ii nordici.

**Buck avait de la force, une habileté sauvage et un instinct patient et mortel.**

Buck avea forță, îndemânare sălbatică și un instinct răbdător și mortal.

**L'homme avec la massue avait fait perdre à Buck toute témérité.**

Bărbatul cu bâta îl făcuse pe Buck să se strice.

**La fureur aveugle avait disparu, remplacée par une ruse silencieuse et un contrôle.**

Furia oarbă dispăruse, înlocuită de viclenie tăcută și control.

**Il attendait, calme et primitif, guettant le bon moment.**

A așteptat, calm și primordial, așteptând momentul potrivit.

**Leur lutte pour le commandement est devenue inévitable et claire.**

Lupta lor pentru comandă a devenit inevitabilă și clară.

**Buck désirait être un leader parce que son esprit l'exigeait.**

Buck își dorea conducerea pentru că spiritul său o cerea.

**Il était poussé par l'étrange fierté née du sentier et du harnais.**

Era mânat de strania mândrie născută din potecă și ham.

**Cette fierté a poussé les chiens à tirer jusqu'à ce qu'ils s'effondrent sur la neige.**

Mândria aceea i-a făcut pe câini să tragă până s-au prăbușit în zăpadă.

**L'orgueil les a poussés à donner toute la force qu'ils avaient.**

Mândria i-a ademenit să dea toată puterea pe care o aveau.

**L'orgueil peut attirer un chien de traîneau jusqu'à la mort.**

Mândria poate ademeni un câine de sanie chiar până la moarte.

**La perte du harnais a laissé les chiens brisés et sans but.**

Pierderea hamului i-a lăsat pe câini frânți și fără scop.

**Le cœur d'un chien de traîneau peut être brisé par la honte lorsqu'il prend sa retraite.**

Inima unui câine de sanie poate fi zdrobită de rușine când se retrage.

**Dave vivait avec cette fierté alors qu'il tirait le traîneau par derrière.**

Dave trăia după acea mândrie în timp ce trăgea sania din spate.

**Solleks, lui aussi, a tout donné avec une force et une loyauté redoutables.**

Și Solleks a dat totul cu o forță sumbră și o loialitate sumbre.

**Chaque matin, l'orgueil les faisait passer de l'amertume à la détermination.**

În fiecare dimineață, mândria îi transforma din amărăciune în hotărâre.

**Ils ont poussé toute la journée, puis sont restés silencieux à la fin du camp.**

Au împins toată ziua, apoi au tăcut la capătul taberei.

**Cette fierté a donné à Spitz la force de battre les tire-au-flanc.**

Această mândrie i-a dat lui Spitz puterea să-i învingă pe escroci și să-i pună la punct.

**Spitz craignait Buck parce que Buck portait cette même fierté profonde.**

Spitz se temea de Buck pentru că Buck purta aceeași mândrie profundă.

**L'orgueil de Buck s'est alors retourné contre Spitz, et il ne s'est pas arrêté.**

Mândria lui Buck s-a înfuriat acum împotriva lui Spitz și nu s-a mai oprit.

**Buck a défié le pouvoir de Spitz et l'a empêché de punir les chiens.**

Buck a sfidat puterea lui Spitz și l-a împiedicat să pedepsească câinii.

**Lorsque les autres échouaient, Buck s'interposait entre eux et leur chef.**

Când alții au eșuat, Buck s-a interpus între ei și liderul lor.

Il l'a fait intentionnellement, en rendant son défi ouvert et clair.

A făcut asta cu intenție, făcându-și provocarea deschisă și clară.

Une nuit, une forte neige a recouvert le monde d'un profond silence.

Într-o noapte, o ninsoare abundentă a acoperit lumea într-o liniște adâncă.

Le lendemain matin, Pike, paresseux comme toujours, ne se leva pas pour aller travailler.

A doua zi dimineață, Pike, leneșă ca întotdeauna, nu s-a trezit ca să lucreze.

Il est resté caché dans son nid sous une épaisse couche de neige.

A rămas ascuns în cuibul său sub un strat gros de zăpadă.

François a appelé et cherché, mais n'a pas pu trouver le chien.

François a strigat și a căutat, dar nu a putut găsi câinele.

Spitz devint furieux et se précipita à travers le camp couvert de neige.

Spitz s-a înfuriat și a năvălit prin tabăra acoperită de zăpadă.

Il grogna et renifla, creusant frénétiquement avec des yeux flamboyants.

A mârâit și a adulmecat, săpând nebunește cu ochi arzători.

Sa rage était si féroce que Pike tremblait sous la neige de peur.

Furia lui era atât de aprigă încât Pike tremura sub zăpadă de frică.

Lorsque Pike fut finalement retrouvé, Spitz se précipita pour punir le chien qui se cachait.

Când Pike a fost în sfârșit găsit, Spitz s-a repezit să-l pedepsească pe câinele care se ascundea.

Mais Buck s'est précipité entre eux avec une fureur égale à celle de Spitz.

Dar Buck sări între ei cu o furie egală cu a lui Spitz.

L'attaque fut si soudaine et intelligente que Spitz tomba.

Atacul a fost atât de brusc și ingenios încât Spitz a căzut din picioare.

**Pike, qui tremblait, puisa du courage dans ce défi.**

Pike, care tremura, prinse curaj din cauza acestei sfidări.

**Il sauta sur le Spitz tombé, suivant l'exemple audacieux de Buck.**

A sărit pe Spitzul căzut, urmând exemplul îndrăzneț al lui Buck.

**Buck, n'étant plus tenu par l'équité, a rejoint la grève contre Spitz.**

Buck, nemaifiind obligat de corectitudine, s-a alăturat grevei de pe Spitz.

**François, amusé mais ferme dans sa discipline, balançait son lourd fouet.**

François, amuzat, dar ferm în disciplina sa, își lovi biciul greu.

**Il frappa Buck de toutes ses forces pour mettre fin au combat.**

L-a lovit pe Buck cu toată puterea ca să oprească lupta.

**Buck a refusé de bouger et est resté au sommet du chef tombé.**

Buck a refuzat să se miște și a rămas deasupra liderului căzut.

**François a ensuite utilisé le manche du fouet, frappant Buck durement.**

François a folosit apoi mânerul biciului, lovindu-l puternic pe Buck.

**Titubant sous le coup, Buck recula sous l'assaut.**

Clătinându-se din cauza loviturii, Buck a căzut înapoi sub asalt.

**François frappait encore et encore tandis que Spitz punissait Pike.**

François lovea iar și iar, în timp ce Spitz îl pedepsea pe Pike.

**Les jours passèrent et Dawson City se rapprocha de plus en plus.**

Zilele treceau, iar Dawson City se apropia din ce în ce mai mult.

**Buck n'arrêtait pas d'intervenir, se glissant entre le Spitz et les autres chiens.**

Buck se tot amesteca, strecurându-se între Spitz și alți câini.

**Il choisissait bien ses moments, attendant toujours que François parte.**

Își alegea bine momentele, așteptând mereu ca François să plece.

**La rébellion silencieuse de Buck s'est propagée et le désordre a pris racine dans l'équipe.**

Revolta tăcută a lui Buck s-a răspândit, iar dezordinea a prins rădăcini în echipă.

**Dave et Solleks sont restés fidèles, mais d'autres sont devenus indisciplinés.**

Dave și Solleks au rămas loiali, dar alții au devenit indisciplinați.

**L'équipe est devenue de plus en plus agitée, querelleuse et hors de propos.**

Echipa a devenit din ce în ce mai neliniștită - neliniștită, certăreață și dezechilibrată.

**Plus rien ne fonctionnait correctement et les bagarres devenaient courantes.**

Nimic nu a mai funcționat bine, iar luptele au devenit frecvente.

**Buck est resté au cœur des troubles, provoquant toujours des troubles.**

Buck a rămas în centrul necazurilor, provocând mereu tulburări.

**François restait vigilant, effrayé par le combat entre Buck et Spitz.**

François a rămas alert, temându-se de lupta dintre Buck și Spitz.

**Chaque nuit, des bagarres le réveillaient, craignant que le commencement n'arrive enfin.**

În fiecare noapte, încăierările îl trezeau, temându-se că, în sfârșit, începea.

**Il sauta de sa robe, prêt à mettre fin au combat.**

A sărit din roba sa, gata să oprească lupta.

**Mais le moment n'arriva jamais et ils atteignirent finalement Dawson.**

Dar momentul nu a venit niciodată și au ajuns în sfârșit la Dawson.

**L'équipe est entrée dans la ville un après-midi sombre, tendu et calme.**

Echipa a intrat în oraș într-o după-amiază mohorâtă, tensionată și liniștită.

**La grande bataille pour le leadership était encore en suspens dans l'air glacial.**

Marea bătălie pentru conducere încă plutea în aerul înghețat.

**Dawson était rempli d'hommes et de chiens de traîneau, tous occupés à travailler.**

Dawson era plin de bărbați și câini de sanie, toți ocupați cu munca.

**Buck regardait les chiens tirer des charges du matin au soir.**

Buck a privit câinii cum trăgeau poverile de dimineața până seara.

**Ils transportaient des bûches et du bois de chauffage et acheminaient des fournitures vers les mines.**

Cărau bușteni și lemne de foc, transportau provizii la mine.

**Là où les chevaux travaillaient autrefois dans le Southland, les chiens travaillent désormais.**

Acolo unde odinioară lucrau caii în Southland, acum munceau câinii.

**Buck a vu quelques chiens du Sud, mais la plupart étaient des huskies ressemblant à des loups.**

Buck a văzut niște câini din Sud, dar majoritatea erau husky-uri care semănau cu lupii.

**La nuit, comme une horloge, les chiens élevaient la voix pour chanter.**

Noaptea, ca un ceasornic, câinii își ridicau vocile în cântec.

**À neuf heures, à minuit et à nouveau à trois heures, les chants ont commencé.**

La nouă, la miezul nopții și din nou la trei, au început cântecele.

**Buck aimait se joindre à leur chant étrange, au son sauvage et ancien.**

Lui Buck îi plăcea să se alăture cântecului lor straniu, al cărui sunet era sălbatic şi străvechi.

**Les aurores boréales flamboyaient, les étoiles dansaient et la neige recouvrait le pays.**

Aurora strălucea, stelele dansau, iar zăpada acoperea pământul.

**Le chant des chiens s'éleva comme un cri contre le silence et le froid glacial.**

Cântecul câinilor se înălţa ca un strigăt împotriva tăcerii şi a frigului aspru.

**Mais leur hurlement contenait de la tristesse, et non du défi, dans chaque longue note.**

Dar urletul lor conţinea tristeţe, nu sfidare, în fiecare notă lungă.

**Chaque cri plaintif était plein de supplications, le fardeau de la vie elle-même.**

Fiecare strigăt de vaier era plin de implorări; povara vieţii însăşi.

**Cette chanson était vieille, plus vieille que les villes et plus vieille que les incendies.**

Cântecul acela era vechi - mai vechi decât oraşele şi mai vechi decât incendiile

**Cette chanson était encore plus ancienne que les voix des hommes.**

Cântecul acela era mai vechi chiar decât vocile oamenilor.

**C'était une chanson du monde des jeunes, quand toutes les chansons étaient tristes.**

A fost un cântec din lumea tânără, când toate cântecele erau triste.

**La chanson portait la tristesse d'innombrables générations de chiens.**

Cântecul purta durerea nenumărate generaţii de câini.

**Buck ressentait profondément la mélodie, gémissant de douleur enracinée dans les âges.**

Buck a simțit melodia adânc, gemând din cauza unei dureri înrădăcinate în secole.

**Il sanglotait d'un chagrin aussi vieux que le sang sauvage dans ses veines.**

A plâns din suspine din cauza unei dureri la fel de veche ca sângele sălbatic din venele sale.

**Le froid, l'obscurité et le mystère ont touché l'âme de Buck.**

Frigul, întunericul și misterul au atins sufletul lui Buck.

**Cette chanson prouvait à quel point Buck était revenu à ses origines.**

Cântecul acela a dovedit cât de mult se întorsese Buck la originile sale.

**À travers la neige et les hurlements, il avait trouvé le début de sa propre vie.**

Prin zăpadă și urlete, își găsise începutul propriei vieți.

**Sept jours après leur arrivée à Dawson, ils repartent.**

La șapte zile după sosirea în Dawson, au pornit din nou la drum.

**L'équipe est descendue de la caserne jusqu'au sentier du Yukon.**

Echipa a coborât de la cazarmă pe traseul Yukon.

**Ils ont commencé le voyage de retour vers Dyea et Salt Water.**

Au început călătoria înapoi spre Dyea și Salt Water.

**Perrault portait des dépêches encore plus urgentes qu'auparavant.**

Perrault a transportat corespondențe și mai urgente decât înainte.

**Il était également saisi par la fierté du sentier et avait pour objectif d'établir un record.**

De asemenea, a fost cuprins de mândria patinajului și și-a propus să stabilească un record.

**Cette fois, plusieurs avantages étaient du côté de Perrault.**

De data aceasta, mai multe avantaje erau de partea lui Perrault.

Les chiens s'étaient reposés pendant une semaine entière et avaient repris des forces.

Câinii se odihniseră o săptămână întreagă și își recăpătaseră puterile.

Le sentier qu'ils avaient ouvert était maintenant damé par d'autres.

Drumul pe care îl croiseră era acum brăzdat de alții.

À certains endroits, la police avait stocké de la nourriture pour les chiens et les hommes.

În unele locuri, poliția depozitase mâncare atât pentru câini, cât și pentru bărbați.

Perrault voyageait léger, se déplaçait rapidement et n'avait pas grand-chose pour l'alourdir.

Perrault a călătorit ușor, mișcându-se repede, cu puține lucruri care să-l împovăreze.

Ils ont atteint Sixty-Mile, une course de cinquante milles, dès la première nuit.

Au ajuns la Sixty-Mile, o alergare de cincizeci de mile, în prima noapte.

Le deuxième jour, ils se sont précipités sur le Yukon en direction de Pelly.

În a doua zi, au pornit în grabă pe Yukon spre Pelly.

Mais ces beaux progrès ont été accompagnés de beaucoup de difficultés pour François.

Însă un astfel de progres excelent a venit cu mult efort pentru François.

La rébellion silencieuse de Buck avait brisé la discipline de l'équipe.

Rebeliunea tăcută a lui Buck spulberase disciplina echipei.

Ils ne se rassemblaient plus comme une seule bête dans les rênes.

Nu se mai țineau laolaltă ca o singură fiară în frâie.

Buck avait conduit d'autres personnes à la défiance par son exemple audacieux.

Buck îi determinase pe alții să se răzgândească prin exemplul său îndrăzneț.

L'ordre de Spitz n'a plus été accueilli avec crainte ou respect.

Ordinul lui Spitz nu mai era întâmpinat cu frică sau respect.

**Les autres ont perdu leur respect pour lui et ont osé résister à son règne.**

Ceilalți și-au pierdut venerația față de el și au îndrăznit să se opună domniei sale.

**Une nuit, Pike a volé la moitié d'un poisson et l'a mangé sous les yeux de Buck.**

Într-o noapte, Pike a furat jumătate de pește și l-a mâncat sub ochiul lui Buck.

**Une autre nuit, Dub et Joe se sont battus contre Spitz et sont restés impunis.**

Într-o altă noapte, Dub și Joe s-au luptat cu Spitz și au rămas nepedepsiți.

**Même Billee gémissait moins doucement et montrait une nouvelle vivacité.**

Chiar și Billee se văicărea mai puțin dulce și dădea dovadă de o nouă ascuțime.

**Buck grognait sur Spitz à chaque fois qu'ils se croisaient.**

Buck mârâia la Spitz de fiecare dată când se intersectau.

**L'attitude de Buck devint audacieuse et menaçante, presque comme celle d'un tyran.**

Atitudinea lui Buck deveni îndrăzneață și amenințătoare, aproape ca a unui bătăuș.

**Il marchait devant Spitz avec une démarche assurée, pleine de menace moqueuse.**

Pășea prin fața lui Spitz cu o aroganță arogantă, plină de o amenințare batjocoritoare.

**Cet effondrement de l'ordre s'est également propagé parmi les chiens de traîneau.**

Acea prăbușire a ordinii s-a răspândit și printre câinii de sanie.

**Ils se battaient et se disputaient plus que jamais, remplissant le camp de bruit.**

S-au luptat și s-au certat mai mult ca niciodată, umplând tabăra cu gălăgie.

**La vie au camp se transformait chaque nuit en un chaos sauvage et hurlant.**

Viața în tabără se transforma în fiecare noapte într-un haos sălbatic, urlător.

**Seuls Dave et Solleks sont restés stables et concentrés.**

Doar Dave și Solleks au rămas calmi și concentrați.

**Mais même eux sont devenus colériques à cause des bagarres incessantes.**

Dar chiar și ei au devenit irascibili din cauza certurilor constante.

**François jurait dans des langues étranges et piétinait de frustration.**

François a înjurat în limbi ciudate și a călcat în picioare de frustrare.

**Il s'arrachait les cheveux et criait tandis que la neige volait sous ses pieds.**

Și-a smuls părul și a țipat în timp ce zăpada cădea sub picioare.

**Son fouet claqua sur le groupe, mais parvint à peine à les maintenir en ligne.**

Biciul său a lovit haita cu putere, dar abia i-a ținut în linie.

**Chaque fois qu'il tournait le dos, les combats reprenaient.**

Ori de câte ori îi întorcea spatele, luptele izbucneau din nou.

**François a utilisé le fouet pour Spitz, tandis que Buck a dirigé les rebelles.**

François a folosit biciul pentru Spitz, în timp ce Buck i-a condus pe rebeli.

**Chacun connaissait le rôle de l'autre, mais Buck évitait tout blâme.**

Fiecare știa rolul celuilalt, dar Buck evita orice învinovățire.

**François n'a jamais surpris Buck en train de provoquer une bagarre ou de se dérober à son travail.**

François nu l-a prins niciodată pe Buck inițiind o ceartă sau eschivându-se de la serviciu.

**Buck travaillait dur sous le harnais – le travail lui faisait désormais vibrer l'esprit.**

Buck muncea din greu, purtat de hamuri — truda îi încânta acum spiritul.

**Mais il trouvait encore plus de joie à provoquer des bagarres et du chaos dans le camp.**

Dar găsea și mai multă bucurie în a stârni lupte și haos în tabără.

**Un soir, à l'embouchure du Tahkeena, Dub fit sursauter un lapin.**

Într-o seară, la gura Tahkeenei, Dub a speriat un iepure.

**Il a raté la prise et le lièvre d'Amérique s'est enfui.**

A ratat captura, iar iepurele cu rachete de zăpadă a sărit departe.

**En quelques secondes, toute l'équipe de traîneau s'est lancée à sa poursuite en poussant des cris sauvages.**

În câteva secunde, întregul echipaj de sanie i-a urmărit cu țipete sălbatice.

**À proximité, un camp de la police du Nord-Ouest abritait une cinquantaine de chiens huskys.**

În apropiere, o tabără a Poliției de Nord-Vest adăpostea cincizeci de câini husky.

**Ils se sont joints à la chasse, descendant ensemble la rivière gelée.**

S-au alăturat vânătorii, coborând împreună râul înghețat.

**Le lapin a quitté la rivière et s'est enfui dans le lit d'un ruisseau gelé.**

Iepurele a ocolit râul, fugind în susul unui pârâu înghețat.

**Le lapin sautait légèrement sur la neige tandis que les chiens peinaient à se frayer un chemin.**

Iepurele sărea ușor prin zăpadă, în timp ce câinii se chinuiau să treacă prin ea.

**Buck menait l'énorme meute de soixante chiens dans chaque virage sinueux.**

Buck conducea haita masivă de șaizeci de câini în jurul fiecărei curbe șerpuitoare.

**Il avança, bas et impatient, mais ne put gagner du terrain.**

A înaintat, jos și nerăbdător, dar nu a putut câștiga teren.

**Son corps brillait sous la lune pâle à chaque saut puissant.**

Corpul său sclipea sub lumina palidă a lunii la fiecare salt puternic.

**Devant, le lapin se déplaçait comme un fantôme, silencieux et trop rapide pour être attrapé.**

În față, iepurele se mișca ca o fantomă, tăcut și prea repede pentru a fi prins.

**Tous ces vieux instincts – la faim, le frisson – envahirent Buck.**

Toate acele vechi instincte – foamea, fiorul – l-au străbătut pe Buck.

**Les humains ressentent parfois cet instinct et sont poussés à chasser avec une arme à feu et des balles.**

Oamenii simt acest instinct uneori, fiind împinși să vâneze cu pușca și gloanțele.

**Mais Buck ressentait ce sentiment à un niveau plus profond et plus personnel.**

Dar Buck a simțit acest sentiment la un nivel mai profund și mai personal.

**Ils ne pouvaient pas ressentir la nature sauvage dans leur sang comme Buck pouvait la ressentir.**

Nu puteau simți sălbăticia din sângele lor așa cum o simțea Buck.

**Il chassait la viande vivante, prêt à tuer avec ses dents et à goûter le sang.**

A urmărit carne vie, gata să ucidă cu dinții și să guste sânge.

**Son corps se tendait de joie, voulant se baigner dans la vie rouge et chaude.**

Corpul său se încorda de bucurie, dorind să se scalde în viața caldă și roșie.

**Une joie étrange marque le point le plus élevé que la vie puisse atteindre.**

O bucurie stranie marchează cel mai înalt punct pe care viața îl poate atinge vreodată.

**La sensation d'un pic où les vivants oublient même qu'ils sont en vie.**

Sentimentul unui vârf unde cei vii uită că sunt în viață.

**Cette joie profonde touche l'artiste perdu dans une inspiration fulgurante.**

Această bucurie profundă îl atinge pe artistul pierdut în inspirația aprinsă.

**Cette joie saisit le soldat qui se bat avec acharnement et n'épargne aucun ennemi.**

Această bucurie îl cuprinde pe soldatul care luptă cu sălbăticie și nu cruță niciun dușman.

**Cette joie s'empara alors de Buck alors qu'il menait la meute dans une faim primitive.**

Această bucurie îl cuprinse acum pe Buck, în timp ce conducea haita cu o foame primordială.

**Il hurla avec le cri ancien du loup, ravi par la chasse vivante.**

A urlat cu străvechiul strigăt de lup, încântat de goana vie.

**Buck a puisé dans la partie la plus ancienne de lui-même, perdue dans la nature.**

Buck a atins cea mai veche parte a ființei sale, pierdută în sălbăticie.

**Il a puisé au plus profond de lui-même, au-delà de la mémoire, dans le temps brut et ancien.**

A sărit adânc în suflet, dincolo de amintiri, în timpul brut, străvechi.

**Une vague de vie pure a traversé chaque muscle et chaque tendon.**

Un val de viață pură a năvălit prin fiecare mușchi și tendon.

**Chaque saut criait qu'il vivait, qu'il traversait la mort.**

Fiecare salt striga că trăiește, că trece prin moarte.

**Son corps s'élevait joyeusement au-dessus d'une terre calme et froide qui ne bougeait jamais.**

Corpul său se înălța bucuros peste un ținut nemișcat și rece, care nu se mișca niciodată.

**Spitz est resté froid et rusé, même dans ses moments les plus fous.**

Spitz a rămas rece și viclean, chiar și în cele mai nebunești momente ale sale.

**Il quitta le sentier et traversa un terrain où le ruisseau formait une large courbe.**

A părăsit poteca și a traversat un ținut unde pârâul se curba larg.

**Buck, inconscient de cela, resta sur le chemin sinueux du lapin.**

Buck, fără să știe de asta, a rămas pe cărarea șerpuitoare a iepurelui.

**Puis, alors que Buck tournait un virage, le lapin fantomatique était devant lui.**

Apoi, când Buck a luat o curbă, iepurele cu aspect de fantomă a apărut în fața lui.

**Il vit une deuxième silhouette sauter de la berge devant la proie.**

A văzut o a doua siluetă sărind de pe mal înaintea prăzii.

**La silhouette était celle d'un Spitz, atterrissant juste sur le chemin du lapin en fuite.**

Silueta era Spitz, care ateriza chiar în calea iepurelui care fugea.

**Le lapin ne pouvait pas se retourner et a rencontré les mâchoires de Spitz en plein vol.**

Iepurele nu se putea întoarce și a lovit fălcile lui Spitz în aer.

**La colonne vertébrale du lapin se brisa avec un cri aussi aigu que le cri d'un humain mourant.**

Șira spinării iepurelui s-a rupt cu un țipăt la fel de ascuțit ca strigătul unui om pe moarte.

**À ce bruit – la chute de la vie à la mort – la meute hurla fort.**

La acel sunet – căderea de la viață la moarte – haita a urlat tare.

**Un chœur sauvage s'éleva derrière Buck, plein de joie sombre.**

Un cor sălbatic s-a ridicat din spatele lui Buck, plin de o încântare sumbră.

**Buck n'a émis aucun cri, aucun son, et a chargé directement Spitz.**

Buck nu a scos niciun țipăt, niciun sunet și s-a năpustit direct asupra lui Spitz.

**Il a visé la gorge, mais a touché l'épaule à la place.**

A țintit spre gât, dar a lovit în schimb umărul.

**Ils dégringolèrent dans la neige molle, leurs corps bloqués dans le combat.**

Se rostogoleau prin zăpadă moale; trupurile lor erau înlănțuite în luptă.

**Spitz se releva rapidement, comme s'il n'avait jamais été renversé.**

Spitz a sărit repede în sus, ca și cum n-ar fi fost doborât deloc.

**Il a entaillé l'épaule de Buck, puis s'est éloigné du combat.**

L-a lovit pe Buck la umăr, apoi a sărit din luptă.

**À deux reprises, ses dents claquèrent comme des pièges en acier, ses lèvres se retroussèrent et devinrent féroces.**

De două ori dinții i-au pocnit ca niște capcane de oțel, buzele strâmbate și fioroase.

**Il recula lentement, cherchant un sol ferme sous ses pieds.**

S-a retras încet, căutând teren solid sub picioare.

**Buck a compris le moment instantanément et pleinement.**

Buck a înțeles momentul instantaneu și pe deplin.

**Le moment était venu ; le combat allait être un combat à mort.**

Sosise momentul; lupta urma să fie o luptă pe viață și pe moarte.

**Les deux chiens tournaient en rond, grognant, les oreilles plates, les yeux plissés.**

Cei doi câini se învârteau în cerc, mârâind, cu urechile plesnite și ochii mijiți.

**Chaque chien attendait que l'autre montre une faiblesse ou fasse un faux pas.**

Fiecare câine aștepta ca celălalt să arate slăbiciune sau să facă un pas greșit.

**Pour Buck, la scène semblait étrangement connue et profondément ancrée dans ses souvenirs.**

Pentru Buck, scena părea straniu de cunoscută și profund amintită.

**Les bois blancs, la terre froide, la bataille au clair de lune.**

Pădurile albe, pământul rece, bătălia sub lumina lunii.

**Un silence pesant emplissait le pays, profond et contre nature.**

O liniște apăsătoare umplea pământul, adâncă și nefirească.

**Aucun vent ne soufflait, aucune feuille ne bougeait, aucun bruit ne brisait le silence.**

Niciun vânt nu se mișca, nicio frunză nu spargea, niciun sunet nu strica liniștea.

**Le souffle des chiens s'élevait comme de la fumée dans l'air glacial et calme.**

Respirațiile câinilor se înălțau ca fumul în aerul înghețat și liniștit.

**Le lapin a été depuis longtemps oublié par la meute de bêtes sauvages.**

Iepurele a fost de mult uitat de haita de animale sălbatice.

**Ces loups à moitié apprivoisés se tenaient maintenant immobiles dans un large cercle.**

Acești lupi pe jumătate îmblânziți stăteau acum nemișcați, formând un cerc larg.

**Ils étaient silencieux, seuls leurs yeux brillants révélaient leur faim.**

Erau tăcuți, doar ochii lor strălucitori le dezvăluia foamea.

**Leur souffle s'éleva, regardant le combat final commencer.**

Respirația li s-a ridicat, privind cum începe lupta finală.

**Pour Buck, cette bataille était ancienne et attendue, pas du tout étrange.**

Pentru Buck, această bătălie era veche și așteptată, deloc ciudată.

**C'était comme un souvenir de quelque chose qui devait arriver depuis toujours.**

Părea o amintire a ceva menit să se întâmple mereu.

**Le Spitz était un chien de combat entraîné, affiné par d'innombrables bagarres sauvages.**

Spitzul era un câine de luptă dresat, perfecționat prin nenumărate încăierări sălbatice.

**Du Spitzberg au Canada, il a vaincu de nombreux ennemis.**

De la Spitzbergen până în Canada, el stăpânise mulți dușmani.

**Il était rempli de fureur, mais n'a jamais cédé au contrôle de la rage.**

Era cuprins de furie, dar nu și-a dat niciodată stăpânire de furie.

**Sa passion était vive, mais toujours tempérée par un instinct dur.**

Pasiunea lui era ascuțită, dar întotdeauna temperată de un instinct dur.

**Il n'a jamais attaqué jusqu'à ce que sa propre défense soit en place.**

Nu a atacat niciodată până când nu și-a pus în aplicare propria apărare.

**Buck a essayé encore et encore d'atteindre le cou vulnérable de Spitz.**

Buck a încercat iar și iar să ajungă la gâtul vulnerabil al lui Spitz.

**Mais chaque coup était accueilli par un coup des dents acérées de Spitz.**

Dar fiecare lovitură era întâmpinată de o tăietură din dinții ascuțiți ai lui Spitz.

**Leurs crocs se sont heurtés et les deux chiens ont saigné de leurs lèvres déchirées.**

Colții li s-au ciocnit, iar ambii câini au sângerat din buzele sfâșiate.

**Peu importe comment Buck s'est lancé, il n'a pas pu briser la défense.**

Indiferent cum s-ar fi aruncat Buck, nu a putut sparge apărarea.

**Il devint de plus en plus furieux, se précipitant avec des explosions de puissance sauvages.**

A devenit și mai furios, năvălind cu izbucniri sălbatice de putere.

**À maintes reprises, Buck frappait la gorge blanche du Spitz.**

Buck a lovit iar și iar gâtul alb al lui Spitz.

**À chaque fois, Spitz esquivait et riposta avec une morsure tranchante.**

De fiecare dată, Spitz se eschiva și riposta cu o mușcătură tăioasă.

**Buck changea alors de tactique, se précipitant à nouveau comme pour atteindre la gorge.**

Apoi Buck şi-a schimbat tactica, năvălind din nou ca şi cum ar fi prins gâtul.

**Mais il s'est retiré au milieu de l'attaque, se tournant pour frapper sur le côté.**

Dar s-a retras în mijlocul atacului, întorcându-se să lovească din lateral.

**Il a lancé son épaule sur Spitz, dans le but de le faire tomber.**

L-a izbit cu umărul pe Spitz, cu intenţia de a-l doborî.

**À chaque fois qu'il essayait, Spitz esquivait et ripostait avec une frappe.**

De fiecare dată când încerca, Spitz se eschiva şi riposta cu o lovitură tăioasă.

**L'épaule de Buck était à vif alors que Spitz s'écartait après chaque coup.**

Umărul lui Buck se înţepenea când Spitz sărea după fiecare lovitură.

**Spitz n'avait pas été touché, tandis que Buck saignait de nombreuses blessures.**

Spitz nu fusese atins, în timp ce Buck sângera din multe răni.

**La respiration de Buck était rapide et lourde, son corps était couvert de sang.**

Respiraţia lui Buck era rapidă şi grea, iar corpul îi era alunecos de sânge.

**Le combat devenait plus brutal à chaque morsure et à chaque charge.**

Lupta devenea mai brutală cu fiecare muşcătură şi atac.

**Autour d'eux, soixante chiens silencieux attendaient le premier à tomber.**

În jurul lor, şaizeci de câini tăcuţi aşteptau ca primii să cadă.

**Si un chien tombait, la meute allait mettre fin au combat.**

Dacă un câine cădea, haita urma să termine lupta.

**Spitz vit Buck faiblir et commença à attaquer.**

Spitz l-a văzut pe Buck slăbind şi a început să atace în forţă.

**Il a maintenu Buck en déséquilibre, le forçant à lutter pour garder pied.**

L-a dezechilibrat pe Buck, forțându-l să se lupte pentru a se menține în echilibru.

**Un jour, Buck trébucha et tomba, et tous les chiens se relevèrent.**

Odată Buck s-a împiedicat și a căzut, iar toți câinii s-au ridicat.

**Mais Buck s'est redressé au milieu de sa chute, et tout le monde s'est affalé.**

Dar Buck s-a îndreptat la mijlocul căderii și toată lumea s-a prăbușit la loc.

**Buck avait quelque chose de rare : une imagination née d'un instinct profond.**

Buck avea ceva rar – imaginație născută dintr-un instinct profund.

**Il combattait par instinct naturel, mais aussi par ruse.**

A luptat din instinct natural, dar a luptat și cu viclenie.

**Il chargea à nouveau comme s'il répétait son tour d'attaque à l'épaule.**

A năvălit din nou, ca și cum și-ar fi repetat trucul de atac cu umărul.

**Mais à la dernière seconde, il s'est laissé tomber et a balayé Spitz.**

Dar în ultima secundă, a coborât și a trecut sub Spitz.

**Ses dents se sont bloquées sur la patte avant gauche de Spitz avec un claquement.**

Dinții i s-au înfipt în piciorul stâng din față al lui Spitz cu un pocnet.

**Spitz était maintenant instable, son poids reposant sur seulement trois pattes.**

Spitz stătea acum nesigur, sprijinindu-se doar pe trei picioare.

**Buck frappa à nouveau, essaya trois fois de le faire tomber.**

Buck a lovit din nou, încercând de trei ori să-l doboare.

**À la quatrième tentative, il a utilisé le même mouvement avec succès.**

La a patra încercare a folosit aceeași mișcare cu succes.

**Cette fois, Buck a réussi à mordre la jambe droite du Spitz.**

De data aceasta, Buck a reușit să muște piciorul drept al lui Spitz.

Spitz, bien que paralysé et souffrant, continuait à lutter pour survivre.

Spitz, deși schilodit și în agonie, a continuat să se lupte pentru a supraviețui.

Il vit le cercle de huskies se resserrer, la langue tirée, les yeux brillants.

A văzut cercul de husky-i strângându-se, cu limbile scoase și ochii strălucind.

Ils attendaient de le dévorer, comme ils l'avaient fait pour les autres.

Așteptau să-l devoreze, așa cum făcuseră și cu alții.

Cette fois, il se tenait au centre, vaincu et condamné.

De data aceasta, stătea în centru; învins și condamnat.

Le chien blanc n'avait désormais plus aucune possibilité de s'échapper.

Câinele alb nu mai avea nicio opțiune de scăpare acum.

Buck n'a montré aucune pitié, car la pitié n'avait pas sa place dans la nature.

Buck n-a arătat milă, căci mila nu-și avea locul în sălbăticie.

Buck se déplaçait prudemment, se préparant à la charge finale.

Buck s-a mișcat cu grijă, pregătindu-se pentru atacul final.

Le cercle des huskies se referma ; il sentit leur souffle chaud.

Cercul de câini husky se strânse; el le simți respirația caldă.

Ils s'accroupirent, prêts à bondir lorsque le moment viendrait.

S-au ghemuit, pregătiți să sară când va veni momentul.

Spitz tremblait dans la neige, grognant et changeant de position.

Spitz tremura în zăpadă, mârâind și schimbându-și poziția.

Ses yeux brillaient, ses lèvres se courbaient, ses dents brillaient dans une menace désespérée.

Ochii îi străluceau, buzele i se strâmbau, iar dinții îi sclipeau într-o amenințare disperată.

Il tituba, essayant toujours de résister à la morsure froide de la mort.

S-a clătinat, încercând încă să se abțină de la mușcătura rece a morții.

**Il avait déjà vu cela auparavant, mais toujours du côté des gagnants.**

Mai văzuse asta și înainte, dar întotdeauna din partea câștigătoarei.

**Il était désormais du côté des perdants, des vaincus, de la proie, de la mort.**

Acum era de partea pierzătorilor; cel învins; prada; moartea.

**Buck tourna en rond pour porter le coup final, le cercle de chiens se rapprochant.**

Buck se învârti pentru lovitura finală, cercul de câini strângându-se tot mai aproape.

**Il pouvait sentir leur souffle chaud, prêt à tuer.**

Le putea simți respirația fierbinte; gata de ucidere.

**Un silence s'installa ; tout était à sa place ; le temps s'était arrêté.**

S-a lăsat liniștea; totul era la locul lui; timpul se oprise.

**Même l'air froid entre eux se figea un dernier instant.**

Chiar și aerul rece dintre ei a înghețat pentru o ultimă clipă.

**Seul Spitz bougea, essayant de retenir sa fin amère.**

Doar Spitz s-a mișcat, încercând să-și amâne sfârșitul amar.

**Le cercle des chiens se refermait autour de lui, comme l'était son destin.**

Cercul câinilor se strângea în jurul lui, la fel ca și destinul său.

**Il était désespéré maintenant, sachant ce qui allait se passer.**

Era disperat acum, știind ce urma să se întâmple.

**Buck bondit, épaule contre épaule une dernière fois.**

Buck a sărit înăuntru, umărul s-a întâlnit cu umărul pentru ultima oară.

**Les chiens se sont précipités en avant, couvrant Spitz dans l'obscurité neigeuse.**

Câinii s-au năpustit înainte, acoperindu-l pe Spitz în întunericul ca zăpada.

**Buck regardait, debout, le vainqueur dans un monde sauvage.**

Buck privea, stând drept în picioare; învingătorul într-o lume sălbatică.

**La bête primordiale dominante avait fait sa proie, et c'était bien.**

Fiara primordială dominantă își făcuse prada, și era bună.

## Celui qui a gagné la maîtrise
### El, care a câştigat spre măiestrie

« Hein ? Qu'est-ce que j'ai dit ? Je dis vrai quand je dis que Buck est un démon. »

„Eh? Ce-am spus? Spun adevărul când spun că Buck e un diavol."

**François a dit cela le lendemain matin après avoir constaté la disparition de Spitz.**

François a spus asta a doua zi dimineaţă, după ce l-a găsit pe Spitz dispărut.

**Buck se tenait là, couvert de blessures dues au combat acharné.**

Buck stătea acolo, accperit de rănile provocate de lupta aprigă.

**François tira Buck près du feu et lui montra les blessures.**

François l-a tras pe Buck lângă foc şi a arătat spre răni.

« Ce Spitz s'est battu comme le Devik », dit Perrault en observant les profondes entailles.

„Spitz-ul ăla s-a luptat ca Devik-ul", a spus Perrault, privind tăieturile adânci.

« Et ce Buck s'est battu comme deux diables », répondit aussitôt François.

„Şi Buck-ul ăla s-a luptat ca doi diavoli", a răspuns François imediat.

« Maintenant, nous allons faire du bon temps ; plus de Spitz, plus de problèmes. »

„Acum o să ne descurcăm bine; gata cu Spitz-ii, gata cu necazurile."

**Perrault préparait le matériel et chargeait le traîneau avec soin.**

Perrault împacheta echipamentul şi încărca sania cu grijă.

**François a attelé les chiens en prévision de la course du jour.**

François a înhamat câinii în pregătire pentru cursa zilei.

**Buck a trotté directement vers la position de tête autrefois détenue par Spitz.**

Buck a alergat direct în poziţia de frunte, deţinută cândva de Spitz.

**Mais François, sans s'en apercevoir, conduisit Solleks vers l'avant.**

Dar François, fără să observe, l-a condus pe Solleks în față.

**Aux yeux de François, Solleks était désormais le meilleur chien de tête.**

După părerea lui François, Solleks era acum cel mai bun câine de conducere.

**Buck se jeta sur Solleks avec fureur et le repoussa en signe de protestation.**

Buck a sărit furios asupra lui Solleks și l-a respins în semn de protest.

**Il se tenait là où Spitz s'était autrefois tenu, revendiquant la position de leader.**

El a stat acolo unde stătuse odinioară Spitz, revendicând poziția de lider.

**« Hein ? Hein ? » s'écria François en se frappant les cuisses d'un air amusé.**

„Ăă? Ăă?" a strigat François, bătându-și palmele peste coapsă amuzat.

**« Regardez Buck, il a tué Spitz, et maintenant il veut prendre le poste ! »**

„Uite-te la Buck - l-a omorât pe Spitz, iar acum vrea să ia slujba!"

**« Va-t'en, Chook ! » cria-t-il, essayant de chasser Buck.**

„Plecați-vă, Chook!", a strigat el, încercând să-l alunge pe Buck.

**Mais Buck refusa de bouger et resta ferme dans la neige.**

Dar Buck a refuzat să se miște și a rămas nemișcat în zăpadă.

**François attrapa Buck par la peau du cou et le tira sur le côté.**

François l-a apucat pe Buck de guler, trăgându-l deoparte.

**Buck grogna bas et menaçant mais n'attaqua pas.**

Buck mârâi încet și amenințător, dar nu atacă.

**François a remis Solleks en tête, tentant de régler le différend**

François l-a readus pe Solleks în frunte, încercând să aplaneze disputa.

**Le vieux chien avait peur de Buck et ne voulait pas rester.**

Câinele bătrân a arătat frică de Buck și nu a vrut să rămână.

**Quand François lui tourna le dos, Buck chassa à nouveau Solleks.**

Când François i-a întors spatele, Buck l-a alungat din nou pe Solleks.

**Solleks n'a pas résisté et s'est discrètement écarté une fois de plus.**

Solleks nu s-a opus și s-a dat din nou la o parte în liniște.

**François s'est mis en colère et a crié : « Par Dieu, je te répare ! »**

François s-a înfuriat și a strigat: „Pe Dumnezeu, te vindec!"

**Il s'approcha de Buck en tenant une lourde massue à la main.**

A venit spre Buck ținând în mână o bâtă grea.

**Buck se souvenait bien de l'homme au pull rouge.**

Buck își amintea bine de bărbatul în pulover roșu.

**Il recula lentement, observant François, mais grognant profondément.**

Se retrase încet, privindu-l pe François, dar mârâind adânc.

**Il ne s'est pas précipité en arrière, même lorsque Solleks s'est levé à sa place.**

Nu s-a grăbit să se întoarcă, nici măcar atunci când Solleks i-a luat locul.

**Buck tourna en rond juste hors de portée, grognant de fureur et de protestation.**

Buck se învârtea în cerc, puțin mai departe de el, mârâind furios și protestând.

**Il gardait les yeux fixés sur le gourdin, prêt à esquiver si François lançait.**

Și-a ținut ochii ațintiți asupra măciucii, gata să se eschiveze dacă François ar fi aruncat.

**Il était devenu sage et prudent quant aux manières des hommes armés.**

Devenise înțelept și precaut în felul în care se descurcă oamenii înarmați.

**François abandonna et rappela Buck à son ancienne place.**

François a renunțat și l-a chemat din nou pe Buck la fosta lui locuință.

**Mais Buck recula prudemment, refusant d'obéir à l'ordre.**

Dar Buck făcu un pas înapoi cu precauție, refuzând să se supună ordinului.

**François le suivit, mais Buck ne recula que de quelques pas supplémentaires.**

François l-a urmat, dar Buck s-a retras doar câțiva pași.

**Après un certain temps, François jeta l'arme par frustration.**

După un timp, François a aruncat arma jos, frustrat.

**Il pensait que Buck craignait d'être battu et qu'il allait venir tranquillement.**

El credea că Buck se temea de o bătaie și avea de gând să vină în liniște.

**Mais Buck n'évitait pas la punition : il se battait pour son rang.**

Dar Buck nu evita pedeapsa — el lupta pentru rang.

**Il avait gagné la place de chien de tête grâce à un combat à mort.**

El își câștigase locul de câine principal printr-o luptă pe viață și pe moarte.

**il n'allait pas se contenter de moins que d'être le leader.**

nu avea de gând să se mulțumească cu nimic mai puțin decât să fie lider.


**Perrault a participé à la poursuite pour aider à attraper le Buck rebelle.**

Perrault a participat la urmărire pentru a-l prinde pe rebelul Buck.

**Ensemble, ils l'ont fait courir dans le camp pendant près d'une heure.**

Împreună, l-au plimbat prin tabără timp de aproape o oră.

**Ils lui lancèrent des coups de massue, mais Buck les esquiva habilement.**

Au aruncat cu bâte în el, dar Buck le-a evitat pe fiecare cu abilitate.

Ils l'ont maudit, lui, ses ancêtres, ses descendants et chaque cheveu de sa personne.

L-au blestemat pe el, strămoșii lui, urmașii lui și fiecare fir de păr de pe el.

Mais Buck se contenta de gronder en retour et resta hors de leur portée.

Dar Buck doar a mârâit înapoi și a rămas cât să nu le ajungă.

Il n'a jamais essayé de s'enfuir mais a délibérément tourné autour du camp.

Nu a încercat niciodată să fugă, ci a înconjurat tabăra în mod deliberat.

Il a clairement fait savoir qu'il obéirait une fois qu'ils lui auraient donné ce qu'il voulait.

A spus clar că va asculta odată ce îi vor da ceea ce își dorește.

François s'est finalement assis et s'est gratté la tête avec frustration.

În cele din urmă, François s-a așezat și s-a scarpinat în cap de frustrare.

Perrault consulta sa montre, jura et marmonna à propos du temps perdu.

Perrault și-a verificat ceasul, a înjurat și a mormăit despre timpul pierdut.

Une heure s'était déjà écoulée alors qu'ils auraient dû être sur la piste.

Trecuse deja o oră când ar fi trebuit să fie pe potecă.

François haussa les épaules d'un air penaud en direction du coursier, qui soupira de défaite.

François ridică din umeri timid spre curier, care oftă învins.

François se dirigea alors vers Solleks et appela Buck une fois de plus.

Apoi François s-a dus la Solleks și l-a strigat din nou pe Buck.

Buck rit comme rit un chien, mais garda une distance prudente.

Buck a râs ca un câine, dar și-a păstrat distanța precaută.

François retira le harnais de Solleks et le remit à sa place.

François i-a scos hamul lui Solleks și l-a pus înapoi la locul lui.

**L'équipe de traîneau était entièrement harnachée, avec seulement une place libre.**

Echipa de sanie stătea complet înhamată, cu un singur loc liber.

**La position de tête est restée vide, clairement destinée à Buck seul.**

Poziția de frunte a rămas goală, evident destinată doar lui Buck.

**François appela à nouveau, et à nouveau Buck rit et tint bon.**

François a strigat din nou, iar Buck a râs din nou și și-a menținut poziția.

**« Jetez le gourdin», ordonna Perrault sans hésitation.**

„Aruncă bâta jos", ordonă Perrault fără ezitare.

**François obéit et Buck trotta immédiatement en avant, fièrement.**

François s-a supus, iar Buck a pornit imediat înainte cu mâna.

**Il rit triomphalement et prit la tête.**

A râs triumfător și a pășit în poziția de frunte.

**François a sécurisé ses traces et le traîneau a été détaché.**

François și-a asigurat cheile, iar sania a fost desprinsă.

**Les deux hommes couraient côte à côte tandis que l'équipe s'engageait sur le sentier de la rivière.**

Amândoi bărbații au alergat alături de ei în timp ce echipa a alergat pe poteca de pe râu.

**François avait une haute opinion des « deux diables » de Buck,**

François îi prețuise mult pe „cei doi diavoli" ai lui Buck,

**mais il s'est vite rendu compte qu'il avait en fait sous-estimé le chien.**

dar și-a dat seama curând că, de fapt, subestimase câinele.

**Buck a rapidement pris le leadership et a fait preuve d'excellence.**

Buck a preluat rapid conducerea și a performat cu excelență.

**En termes de jugement, de réflexion rapide et d'action, Buck a surpassé Spitz.**

Buck l-a depășit pe Spitz în judecată, gândire rapidă și acțiune rapidă.

**François n'avait jamais vu un chien égal à celui que Buck présentait maintenant.**

François nu mai văzuse niciodată un câine egal cu cel pe care îl arăta acum Buck.

**Mais Buck excellait vraiment dans l'art de faire respecter l'ordre et d'imposer le respect.**

Dar Buck a excelat cu adevărat în a impune ordinea și a impune respect.

**Dave et Solleks ont accepté le changement sans inquiétude ni protestation.**

Dave și Solleks au acceptat schimbarea fără griji sau proteste.

**Ils se concentraient uniquement sur le travail et tiraient fort sur les rênes.**

S-au concentrat doar pe muncă și pe a trage tare de frâie.

**Peu leur importait de savoir qui menait, tant que le traîneau continuait d'avancer.**

Puțin le păsa cine conducea, atâta timp cât sania continua să se miște.

**Billee, la joyeuse, aurait pu diriger pour autant qu'ils s'en soucient.**

Billee, cel vesel, ar fi putut conduce, oricât le-ar fi păsat.

**Ce qui comptait pour eux, c'était la paix et l'ordre dans les rangs.**

Ceea ce conta pentru ei era pacea și ordinea în rânduri.

**Le reste de l'équipe était devenu indiscipliné pendant le déclin de Spitz.**

Restul echipei devenise rebel în timpul declinului lui Spitz.

**Ils furent choqués lorsque Buck les ramena immédiatement à l'ordre.**

Au fost șocați când Buck i-a adus imediat la ordine.

**Pike avait toujours été paresseux et traînait les pieds derrière Buck.**

Pike fusese întotdeauna leneș și își târâse picioarele în urma lui Buck.

**Mais maintenant, il a été sévèrement discipliné par la nouvelle direction.**

Dar acum a fost aspru disciplinat de noua conducere.

**Et il a rapidement appris à faire sa part dans l'équipe.**

Și a învățat repede să-și facă treaba în echipă.

**À la fin de la journée, Pike avait travaillé plus dur que jamais.**

Până la sfârșitul zilei, Pike a muncit mai mult ca niciodată.

**Cette nuit-là, au camp, Joe, le chien aigri, fut finalement maîtrisé.**

În noaptea aceea, în tabără, Joe, câinele acru, a fost în sfârșit imobilizat.

**Spitz n'avait pas réussi à le discipliner, mais Buck n'avait pas échoué.**

Spitz nu reușise să-l disciplineze, dar Buck nu a eșuat.

**Grâce à son poids plus important, Buck a vaincu Joe en quelques secondes.**

Folosindu-se de greutatea sa mai mare, Buck l-a copleșit pe Joe în câteva secunde.

**Il a mordu et battu Joe jusqu'à ce qu'il gémisse et cesse de résister.**

L-a mușcat și l-a bătut pe Joe până când acesta a gemut și a încetat să se mai opună.

**Toute l'équipe s'est améliorée à partir de ce moment-là.**

Întreaga echipă s-a îmbunătățit din acel moment.

**Les chiens ont retrouvé leur ancienne unité et leur discipline.**

Câinii și-au recăpătat vechea unitate și disciplină.

**À Rink Rapids, deux nouveaux huskies indigènes, Teek et Koona, nous ont rejoint.**

La Rink Rapids, s-au alăturat doi noi câini husky nativi, Teek și Koona.

**La rapidité avec laquelle Buck les dressa étonna même François.**

Rapiditatea cu care Buck i-a dresat l-a uimit chiar și pe François.

**« Il n'y a jamais eu de chien comme ce Buck ! » s'écria-t-il avec stupéfaction.**

„N-a mai fost niciodată un câine ca Buck-ul ăsta!", a strigat el uimit.

**« Non, jamais ! Il vaut mille dollars, bon sang ! »**

„Nu, niciodată! Merită o mie de dolari, pe Dumnezeule!"

**« Hein ? Qu'en dis-tu, Perrault ? » demanda-t-il avec fierté.**

„Eh? Ce zici, Perrault?", a întrebat el cu mândrie.

**Perrault hocha la tête en signe d'accord et vérifia ses notes.**

Perrault dădu din cap în semn de aprobare și își verifică notițele.

**Nous sommes déjà en avance sur le calendrier et gagnons chaque jour davantage.**

Suntem deja înainte de termen și câștigăm mai mult în fiecare zi.

**Le sentier était dur et lisse, sans neige fraîche.**

Drumul era batut și neted, fără zăpadă proaspătă.

**Le froid était constant, oscillant autour de cinquante degrés en dessous de zéro.**

Frigul era constant, oscilant sub cincizeci de grade pe tot parcursul zilei.

**Les hommes montaient et couraient à tour de rôle pour se réchauffer et gagner du temps.**

Bărbații călăreau și alergau pe rând ca să se încălzească și să facă timp.

**Les chiens couraient vite avec peu d'arrêts, poussant toujours vers l'avant.**

Câinii alergau repede, cu puține opriri, mereu înaintând înainte.

**La rivière Thirty Mile était en grande partie gelée et facile à traverser.**

Râul Thirty Mile era în mare parte înghețat și ușor de traversat.

**Ils sont sortis en un jour, ce qui leur avait pris dix jours pour venir.**

Au ieșit într-o singură zi după ce ajunseseră în zece zile.

**Ils ont parcouru une distance de soixante milles du lac Le Barge jusqu'à White Horse.**

Au parcurs o cursă de șasezeci de mile de la Lacul Le Barge până la Calul Alb.

**À travers les lacs Marsh, Tagish et Bennett, ils se déplaçaient incroyablement vite.**

S-au mișcat incredibil de repede peste lacurile Marsh, Tagish și Bennett.

**L'homme qui courait était tiré derrière le traîneau par une corde.**

Bărbatul alergător, remorcat în spatele saniei pe o frânghie.

**La dernière nuit de la deuxième semaine, ils sont arrivés à destination.**

În ultima noapte a celei de-a doua săptămâni, au ajuns la destinație.

**Ils avaient atteint ensemble le sommet du col White.**

Ajunseseră împreună în vârful Trecătorii Albe.

**Ils sont descendus au niveau de la mer avec les lumières de Skaguay en dessous d'eux.**

Au coborât la nivelul mării cu luminile lui Skaguay sub ei.

**Il s'agissait d'une course record à travers des kilomètres de nature froide et sauvage.**

Fusese o alergare record prin kilometri întregi de sălbăticie rece.

**Pendant quatorze jours d'affilée, ils ont parcouru en moyenne quarante miles.**

Timp de paisprezece zile consecutive, au parcurs o medie de patruzeci de mile.

**À Skaguay, Perrault et François transportaient des marchandises à travers la ville.**

În Skaguay, Perrault și François au mutat marfă prin oraș.

**Ils ont été acclamés et ont reçu de nombreuses boissons de la part d'une foule admirative.**

Au fost aclamați și li s-au oferit multe băuturi de către mulțimea admirată.

**Les chasseurs de chiens et les ouvriers se sont rassemblés autour du célèbre attelage de chiens.**

Vânătorii de câini și muncitorii s-au adunat în jurul faimosului acompaniament canin.

**Puis les hors-la-loi de l'Ouest arrivèrent en ville et subirent une violente défaite.**

Apoi, haiducii din vest au venit în oraș și au suferit o înfrângere violentă.

**Les gens ont vite oublié l'équipe et se sont concentrés sur un nouveau drame.**

Oamenii au uitat curând de echipă și s-au concentrat pe o nouă dramă.

**Puis sont arrivées les nouvelles commandes qui ont tout changé d'un coup.**

Apoi au venit noile ordine care au schimbat totul dintr-o dată.

**François appela Buck à lui et le serra dans ses bras avec une fierté larmoyante.**

François l-a chemat pe Buck la el și l-a îmbrățișat cu o mândrie plină de lacrimi.

**Ce moment fut la dernière fois que Buck revit François.**

Acel moment a fost ultima dată când Buck l-a mai văzut pe François.

**Comme beaucoup d'hommes avant eux, François et Perrault étaient tous deux partis.**

Ca mulți alții înaintea lor, atât François, cât și Perrault dispăruseră.

**Un métis écossais a pris en charge Buck et ses coéquipiers de chiens de traîneau.**

Un metis scoțian a preluat controlul asupra lui Buck și a coechipierilor săi trași de câini de sanie.

**Avec une douzaine d'autres équipes de chiens, ils sont retournés par le sentier jusqu'à Dawson.**

Împreună cu alte douăsprezece ataleje de câini, s-au întors pe potecă spre Dawson.

**Ce n'était plus une course rapide, juste un travail pénible avec une lourde charge chaque jour.**

Nu mai era o alergare rapidă acum – ci doar o trudă grea cu o povară grea în fiecare zi.

**C'était le train postal qui apportait des nouvelles aux chercheurs d'or près du pôle.**

Acesta era trenul poştal, care ducea veşti căutătorilor de aur de lângă Pol.

**Buck n'aimait pas le travail mais le supportait bien, étant fier de ses efforts.**

Lui Buck nu i-a plăcut munca, dar a suportat-o bine, fiind mândru de efortul său.

**Comme Dave et Solleks, Buck a fait preuve de dévouement dans chaque tâche quotidienne.**

La fel ca Dave şi Solleks, Buck a dat dovadă de devotament faţă de fiecare sarcină zilnică.

**Il s'est assuré que chacun de ses coéquipiers fasse sa part du travail.**

S-a asigurat că fiecare coechipierilor săi şi-a dat cu ce putea.

**La vie sur les sentiers est devenue ennuyeuse, répétée avec la précision d'une machine.**

Viaţa pe potecă a devenit plictisitoare, repetată cu precizia unei maşini.

**Chaque jour était le même, un matin se fondant dans le suivant.**

Fiecare zi părea la fel, o dimineaţă contopindu-se cu următoarea.

**À la même heure, les cuisiniers se levèrent pour allumer des feux et préparer la nourriture.**

La aceeaşi oră, bucătarii s-au ridicat să aprindă focuri şi să pregătească mâncarea.

**Après le petit-déjeuner, certains quittèrent le camp tandis que d'autres attelèrent les chiens.**

După micul dejun, unii au părăsit tabăra, în timp ce alţii au înhamat câinii.

**Ils ont pris la route avant que le faible avertissement de l'aube ne touche le ciel.**

Au pornit pe potecă înainte ca avertismentul vag al zorilor să atingă cerul.

**La nuit, ils s'arrêtaient pour camper, chaque homme ayant une tâche précise.**

Noaptea, se opreau să-şi facă tabăra, fiecare om având o îndatorire stabilită.

**Certains ont monté les tentes, d'autres ont coupé du bois de chauffage et ramassé des branches de pin.**

Unii și-au ridicat corturile, alții au tăiat lemne de foc și au adunat crengi de pin.

**De l'eau ou de la glace étaient ramenées aux cuisiniers pour le repas du soir.**

Apa sau gheața erau aduse înapoi bucătarilor pentru masa de seară.

**Les chiens ont été nourris et c'était le meilleur moment de la journée pour eux.**

Câinii au fost hrăniți, iar aceasta a fost cea mai bună parte a zilei pentru ei.

**Après avoir mangé du poisson, les chiens se sont détendus et se sont allongés près du feu.**

După ce au mâncat pește, câinii s-au relaxat și s-au lenevit lângă foc.

**Il y avait une centaine d'autres chiens dans le convoi avec lesquels se mêler.**

În convoi mai erau o sută de câini cu care să se amestece.

**Beaucoup de ces chiens étaient féroces et prompts à se battre sans prévenir.**

Mulți dintre acei câini erau feroși și se luptau repede fără avertisment.

**Mais après trois victoires, Buck a maîtrisé même les combattants les plus féroces.**

Dar după trei victorii, Buck i-a stăpânit chiar și pe cei mai aprigi luptători.

**Maintenant, quand Buck grogna et montra ses dents, ils s'écartèrent.**

Acum, când Buck a mârâit și și-a arătat dinții, s-au dat la o parte.

**Mais le plus beau dans tout ça, c'est que Buck aimait s'allonger près du feu de camp vacillant.**

Poate cel mai important dintre toate, lui Buck îi plăcea să stea întins lângă focul de tabără pâlpâitor.

**Il s'accroupit, les pattes arrière repliées et les pattes avant tendues vers l'avant.**

Stătea ghemuit cu picioarele din spate strânse și cele din față
întinse înainte.

**Sa tête était levée tandis qu'il cligna doucement des yeux
devant les flammes rougeoyantes.**

Avea capul ridicat în timp ce clipea ușor la flăcările
strălucitoare.

**Parfois, il se souvenait de la grande maison du juge Miller à
Santa Clara.**

Uneori își amintea de casa mare a judecătorului Miller din
Santa Clara.

**Il pensait à la piscine en ciment, à Ysabel et au carlin appelé
Toots.**

S-a gândit la piscina de ciment, la Ysabel și la mopsul pe nume
Toots.

**Mais le plus souvent, il se souvenait du gourdin de l'homme
au pull rouge.**

Dar își amintea mai des de bâta bărbatului cu pulover roșu.

**Il se souvenait de la mort de Curly et de sa bataille acharnée
contre Spitz.**

Și-a amintit de moartea lui Creț și de lupta lui aprigă cu Spitz.

**Il se souvenait aussi des bons plats qu'il avait mangés ou
dont il rêvait encore.**

Și-a amintit și de mâncarea bună pe care o mâncase sau la care
încă visase.

**Buck n'avait pas le mal du pays : la vallée chaude était
lointaine et irréelle.**

Buck nu-i era dor de casă — valea caldă era îndepărtată și
ireală.

**Les souvenirs de Californie n'avaient plus vraiment
d'influence sur lui.**

Amintirile din California nu mai aveau nicio influență reală
asupra lui.

**Plus forts que la mémoire étaient les instincts profondément
ancrés dans sa lignée.**

Mai puternice decât memoria erau instinctele adânc în neamul
său genealogic.

**Les habitudes autrefois perdues étaient revenues, ravivées par le sentier et la nature sauvage.**

Obiceiuri odinioară pierdute se întorseseră, reînviate de potecă și de sălbăticie.

**Tandis que Buck regardait la lumière du feu, cela devenait parfois autre chose.**

În timp ce Buck privea lumina focului, uneori aceasta se transforma în altceva.

**Il vit à la lueur du feu un autre feu, plus vieux et plus profond que celui-ci.**

A văzut în lumina focului un alt foc, mai vechi și mai adânc decât cel actual.

**À côté de cet autre feu se tenait accroupi un homme qui ne ressemblait pas au cuisinier métis.**

Lângă celălalt foc zăcea ghemuit un bărbat, diferit de bucătarul metis.

**Cette figurine avait des jambes courtes, de longs bras et des muscles durs et noués.**

Această figură avea picioare scurte, brațe lungi și mușchi tari și încordați.

**Ses cheveux étaient longs et emmêlés, tombant en arrière à partir des yeux.**

Părul lui era lung și încâlcit, căzându-i pe spate de la ochi.

**Il émit des sons étranges et regarda l'obscurité avec peur.**

Scotea sunete ciudate si privea cu frică la întuneric.

**Il tenait une massue en pierre basse, fermement serrée dans sa longue main rugueuse.**

Ținea jos o bâtă de piatră, strânsă strâns în mâna sa lungă și aspră.

**L'homme portait peu de vêtements ; juste une peau carbonisée qui pendait dans son dos.**

Bărbatul purta puține haine; doar o piele carbonizată care îi atârna pe spate.

**Son corps était couvert de poils épais sur les bras, la poitrine et les cuisses.**

Corpul său era acoperit de păr des pe brațe, piept și coapse.

Certaines parties des cheveux étaient emmêlées en plaques de fourrure rugueuse.

Unele părți ale părului erau încâlcite în petice de blană aspră.

Il ne se tenait pas droit mais penché en avant des hanches jusqu'aux genoux.

Nu stătea drept, ci se apleca înainte de la șolduri până la genunchi.

Ses pas étaient élastiques et félins, comme s'il était toujours prêt à bondir.

Pașii lui erau elastici și pisici, ca și cum ar fi fost mereu gata să sară.

Il y avait une vive vigilance, comme s'il vivait dans une peur constante.

Exista o alertă ascuțită, ca și cum ar fi trăit în frică constantă.

Cet homme ancien semblait s'attendre au danger, que le danger soit perçu ou non.

Acest om bătrân părea să se aștepte la pericol, indiferent dacă pericolul era văzut sau nu.

Parfois, l'homme poilu dormait près du feu, la tête entre les jambes.

Uneori, bărbatul păros dormea lângă foc, cu capul între picioare.

Ses coudes reposaient sur ses genoux, ses mains jointes au-dessus de sa tête.

Cu coatele sprijinite pe genunchi, cu mâinile împreunate deasupra capului.

Comme un chien, il utilisait ses bras velus pour se débarrasser de la pluie qui tombait.

Ca un câine, își folosea brațele păroase ca să se apere de ploaia care cădea.

Au-delà de la lumière du feu, Buck vit deux charbons jumeaux briller dans l'obscurité.

Dincolo de lumina focului, Buck văzu doi cărbuni strălucind în întuneric.

Toujours deux par deux, ils étaient les yeux des bêtes de proie traquantes.

Mereu doi câte doi, erau ochii unor animale de pradă care pândeau.

**Il entendit des corps s'écraser à travers les broussailles et des bruits se faire entendre dans la nuit.**

A auzit corpuri zdrobindu-se prin tufişuri şi sunete scoase în noapte.

**Allongé sur la rive du Yukon, clignant des yeux, Buck rêvait près du feu.**

Întins pe malul Yukonului, clipind din ochi, Buck visa lângă foc.

**Les images et les sons de ce monde sauvage lui faisaient dresser les cheveux sur la tête.**

Priveliştile şi sunetele acelei lumi sălbatice i-au făcut părul să se ridice.

**La fourrure s'élevait le long de son dos, de ses épaules et de son cou.**

Blana i s-a ridicat de-a lungul spatelui, al umerilor şi pe gât.

**Il gémissait doucement ou émettait un grognement sourd au plus profond de sa poitrine.**

A scâncit încet sau a mârâit înăbuşit adânc în piept.

**Alors le cuisinier métis cria : « Hé, toi Buck, réveille-toi ! »**

Apoi, bucătarul metis a strigat: „Hei, Buck, trezeşte-te!"

**Le monde des rêves a disparu et la vraie vie est revenue aux yeux de Buck.**

Lumea viselor a dispărut, iar viaţa reală s-a întors în ochii lui Buck.

**Il allait se lever, s'étirer et bâiller, comme s'il venait de se réveiller d'une sieste.**

Avea să se ridice, să se întindă şi să căsce, ca şi cum s-ar fi trezit dintr-un pui de somn.

**Le voyage était difficile, avec le traîneau postal qui traînait derrière eux.**

Călătoria a fost grea, cu sania poştală târându-se în urma lor.

**Les lourdes charges et le travail pénible épuisaient les chiens à chaque longue journée.**

Poverile grele şi munca grea îi epuizau pe câini în fiecare zi lungă.

**Ils arrivèrent à Dawson maigres, fatigués et ayant besoin de plus d'une semaine de repos.**
Au ajuns la Dawson slăbiți, obosiți și având nevoie de peste o săptămână de odihnă.
**Mais seulement deux jours plus tard, ils repartaient sur le Yukon.**
Dar doar două zile mai târziu, au pornit din nou pe Yukon.
**Ils étaient chargés de lettres supplémentaires destinées au monde extérieur.**
Erau încărcate cu mai multe scrisori destinate lumii exterioare.
**Les chiens étaient épuisés et les hommes se plaignaient constamment.**
Câinii erau epuizați, iar bărbații se plângeau încontinuu.
**La neige tombait tous les jours, ramollissant le sentier et ralentissant les traîneaux.**
Ninsoarea cădea în fiecare zi, înmuind poteca și încetinind săniile.
**Cela a rendu la traction plus difficile et a entraîné plus de traînée sur les patins.**
Acest lucru a dus la o tracțiune mai puternică și la o rezistență mai mare asupra patinelor.
**Malgré cela, les pilotes étaient justes et se souciaient de leurs équipes.**
În ciuda acestui fapt, piloții au fost corecți și au avut grijă de echipele lor.
**Chaque nuit, les chiens étaient nourris avant que les hommes ne puissent manger.**
În fiecare seară, câinii erau hrăniți înainte ca bărbații să apuce să mănânce.
**Aucun homme ne dormait avant de vérifier les pattes de son propre chien.**
Niciun bărbat nu a dormit înainte de a-și verifica picioarele propriului câine.
**Cependant, les chiens s'affaiblissaient à mesure que les kilomètres s'écoulaient sur leur corps.**
Totuși, câinii au slăbit pe măsură ce kilometrii le măturau corpurile.

**Ils avaient parcouru mille huit cents kilomètres pendant l'hiver.**

Călătoriseră opt sute opt sute de mile pe parcursul iernii.

**Ils ont tiré des traîneaux sur chaque kilomètre de cette distance brutale.**

Au tras sănii peste fiecare milă din acea distanță brutală.

**Même les chiens de traîneau les plus robustes ressentent de la tension après tant de kilomètres.**

Chiar și cei mai rezistenți câini de sanie simt efort după atâția kilometri.

**Buck a tenu bon, a permis à son équipe de travailler et a maintenu la discipline.**

Buck a rezistat, și-a menținut echipa în mișcare și a menținut disciplina.

**Mais Buck était fatigué, tout comme les autres pendant le long voyage.**

Dar Buck era obosit, la fel ca ceilalți din lunga călătorie.

**Billee gémissait et pleurait dans son sommeil chaque nuit sans faute.**

Billee scâncea și plângea în somn în fiecare noapte, fără greș.

**Joe devint encore plus amer et Solleks resta froid et distant.**

Joe a devenit și mai amărât, iar Solleks a rămas rece și distant.

**Mais c'est Dave qui a le plus souffert de toute l'équipe.**

Dar Dave a fost cel care a avut cel mai mult de suferit din întreaga echipă.

**Quelque chose n'allait pas en lui, même si personne ne savait quoi.**

Ceva nu mergea bine în interiorul lui, deși nimeni nu știa ce.

**Il est devenu de plus en plus maussade et s'en est pris aux autres avec une colère croissante.**

Deveni mai morocănos și se izbea de ceilalți cu o furie crescândă.

**Chaque nuit, il se rendait directement à son nid, attendant d'être nourri.**

În fiecare noapte se ducea direct la cuibul său, așteptând să fie hrănit.

**Une fois tombé, Dave ne s'est pas relevé avant le matin.**

Odată ce a fost jos, Dave nu s-a mai ridicat până dimineața.

**Sur les rênes, des secousses ou des sursauts brusques le faisaient crier de douleur.**

Pe frâie, smucituri sau tresăriri bruște îl făceau să țipe de durere.

**Son chauffeur a recherché la cause du sinistre, mais n'a constaté aucune blessure.**

Șoferul său a căutat cauza accidentului, dar nu a găsit nicio rană asupra lui.

**Tous les conducteurs ont commencé à regarder Dave et ont discuté de son cas.**

Toți șoferii au început să-l privească pe Dave și au discutat cazul lui.

**Ils ont discuté pendant les repas et pendant leur dernière cigarette de la journée.**

Vorbeau la mese și în timpul ultimei lor țigări din ziua respectivă.

**Une nuit, ils ont tenu une réunion et ont amené Dave au feu.**

Într-o seară au ținut o întâlnire și l-au adus pe Dave la foc.

**Ils pressèrent et sondèrent son corps, et il cria souvent.**

I-au apăsat și i-au tatonat corpul, iar el țipa des.

**De toute évidence, quelque chose n'allait pas, même si aucun os ne semblait cassé.**

Evident, ceva nu era în regulă, deși niciun os nu părea rupt.

**Au moment où ils atteignirent Cassiar Bar, Dave était en train de tomber.**

Până au ajuns la Cassiar Bar, Dave deja cădea.

**Le métis écossais a appelé à la fin et a retiré Dave de l'équipe.**

Metișul scoțian a oprit echipa și l-a scos pe Dave din echipă.

**Il a attaché Solleks à la place de Dave, le plus près de l'avant du traîneau.**

A fixat Solleks în locul lui Dave, cel mai aproape de partea din față a saniei.

**Il avait l'intention de laisser Dave se reposer et courir librement derrière le traîneau en mouvement.**

Intenționa să-l lase pe Dave să se odihnească și să alerge liber în spatele saniei în mișcare.

**Mais même malade, Dave détestait être privé du travail qu'il avait occupé.**

Dar chiar și bolnav, Dave ura să fie luat de la slujba pe care o deținuse.

**Il grogna et gémit tandis que les rênes étaient retirées de son corps.**

A mârâit și a gemut când hățurile i-au fost trase de pe corp.

**Quand il vit Solleks à sa place, il pleura de douleur.**

Când l-a văzut pe Solleks în locul lui, a plâns de durere.

**La fierté du travail sur les sentiers était profonde chez Dave, même à l'approche de la mort.**

Mândria muncii pe traseu era adânc în Dave, chiar și atunci când moartea se apropia.

**Alors que le traîneau se déplaçait, Dave pataugeait dans la neige molle près du sentier.**

Pe măsură ce sania se mișca, Dave se împleticea prin zăpada moale de lângă potecă.

**Il a attaqué Solleks, le mordant et le poussant du côté du traîneau.**

L-a atacat pe Solleks, mușcându-l și împingându-l de pe marginea saniei.

**Dave a essayé de sauter dans le harnais et de récupérer sa place de travail.**

Dave a încercat să sară în hamul și să-și recupereze locul de lucru.

**Il hurlait, gémissait et pleurait, déchiré entre la douleur et la fierté du travail.**

A țipat, a văitat și a plâns, sfâșiat între durere și mândria travaliului.

**Le métis a utilisé son fouet pour essayer de chasser Dave de l'équipe.**

Metișul și-a folosit biciul ca să încerce să-l alunge pe Dave din echipă.

**Mais Dave ignora le coup de fouet, et l'homme ne put pas le frapper plus fort.**

Dar Dave a ignorat lovitura de bici, iar bărbatul nu l-a putut lovi mai tare.

**Dave a refusé le chemin le plus facile derrière le traîneau, où la neige était tassée.**

Dave a refuzat calea mai ușoară din spatele saniei, unde zăpada era batată.

**Au lieu de cela, il se débattait dans la neige profonde à côté du sentier, dans la misère.**

În schimb, s-a zbătut în zăpada groasă de lângă potecă, în suferință.

**Finalement, Dave s'est effondré, allongé dans la neige et hurlant de douleur.**

În cele din urmă, Dave s-a prăbușit, zăcând în zăpadă și urlând de durere.

**Il cria tandis que le long train de traîneaux le dépassait un par un.**

A strigat când lungul șir de sănii a trecut pe lângă el, una câte una.

**Pourtant, avec ce qu'il lui restait de force, il se leva et trébucha après eux.**

Totuși, cu puterea care îi mai rămăsese, se ridică și porni împleticindu-se după ei.

**Il l'a rattrapé lorsque le train s'est arrêté à nouveau et a retrouvé son vieux traîneau.**

L-a ajuns din urmă când trenul s-a oprit din nou și și-a găsit vechea sanie.

**Il a dépassé les autres équipes et s'est retrouvé à nouveau aux côtés de Solleks.**

A trecut cu greu pe lângă celelalte echipe și s-a oprit din nou lângă Solleks.

**Alors que le conducteur s'arrêtait pour allumer sa pipe, Dave saisit sa dernière chance.**

În timp ce șoferul se opri să-și aprindă pipa, Dave și-a profitat de ultima șansă.

**Lorsque le chauffeur est revenu et a crié, l'équipe n'a pas avancé.**

Când șoferul s-a întors și a strigat, echipa nu a mai pornit.

Les chiens avaient tourné la tête, déconcertés par l'arrêt soudain.

Câinii îşi întorseseră capetele, nedumeriţi de oprirea bruscă.

Le conducteur était également choqué : le traîneau n'avait pas avancé d'un pouce.

Şoferul a fost şi el şocat — sania nu se mişcase niciun centimetru înainte.

Il a appelé les autres pour qu'ils viennent voir ce qui s'était passé.

I-a chemat pe ceilalţi să vină să vadă ce s-a întâmplat.

Dave avait mâché les rênes de Solleks, les brisant toutes les deux.

Dave rossese hăţurile lui Solleks, rupându-le amândouă.

Il se tenait maintenant devant le traîneau, de retour à sa position légitime.

Acum stătea în faţa saniei, înapoi în poziţia sa cuvenită.

Dave leva les yeux vers le conducteur, le suppliant silencieusement de rester dans les traces.

Dave s-a uitat la şofer, implorându-l în tăcere să rămână pe şine.

Le conducteur était perplexe, ne sachant pas quoi faire pour le chien en difficulté.

Şoferul era nedumerit, neştiind ce să facă pentru câinele care se zbătea.

Les autres hommes parlaient de chiens qui étaient morts après avoir été emmenés dehors.

Ceilalţi bărbaţi au vorbit despre câini care muriseră după ce fuseseră scoşi afară.

Ils ont parlé de chiens âgés ou blessés dont le cœur se brisait lorsqu'ils étaient abandonnés.

Au povestit despre câini bătrâni sau răniţi ale căror inimi li s-au frânt când au fost lăsaţi acasă.

Ils ont convenu que c'était une preuve de miséricorde de laisser Dave mourir alors qu'il était encore dans son harnais.

Au fost de acord că a fost o faptă milostivă să-l lase pe Dave să moară cât timp era încă în hamul său.

Il était attaché au traîneau et Dave tirait avec fierté.

Fusese legat la loc de sanie, iar Dave trăgea cu mândrie.

**Même s'il criait parfois, il travaillait comme si la douleur pouvait être ignorée.**

Deși uneori țipa, lucra ca și cum durerea putea fi ignorată.

**Plus d'une fois, il est tombé et a été traîné avant de se relever.**

De mai multe ori a căzut și a fost târât înainte de a se ridica din nou.

**Un jour, le traîneau l'a écrasé et il a boité à partir de ce moment-là.**

Odată, sania s-a rostogolit peste el, iar din acel moment a șchiopătat.

**Il travailla néanmoins jusqu'à ce qu'il atteigne le camp, puis s'allongea près du feu.**

Totuși, a lucrat până a ajuns în tabără, apoi a rămas întins lângă foc.

**Le matin, Dave était trop faible pour voyager ou même se tenir debout.**

Spre dimineață, Dave era prea slăbit ca să călătorească sau măcar să stea în picioare.

**Au moment de l'attelage, il essaya d'atteindre son conducteur avec un effort tremblant.**

La ora de a-și lega hamurile, a încercat să ajungă la șoferul său cu un efort tremurând.

**Il se força à se relever, tituba et s'effondra sur le sol enneigé.**

S-a ridicat cu forța, s-a clătinat și s-a prăbușit pe pământul înzăpezit.

**À l'aide de ses pattes avant, il a traîné son corps vers la zone de harnais.**

Folosindu-și picioarele din față, și-a târât corpul spre zona de ham.

**Il s'avança, pouce par pouce, vers les chiens de travail.**

S-a îngrămădit înainte, centimetru cu centimetru, spre câinii de muncă.

**Ses forces l'abandonnèrent, mais il continua d'avancer dans sa dernière poussée désespérée.**

Puterile i-au cedat, dar a continuat să meargă în ultima sa
împingere disperată.

**Ses coéquipiers l'ont vu haleter dans la neige, impatients de
les rejoindre.**

Coechipierii lui l-au văzut gâfâind în zăpadă, încă dorind să li
se alăture.

**Ils l'entendirent hurler de tristesse alors qu'ils quittaient le
camp.**

L-au auzit urlând de tristeţe în timp ce părăseau tabăra.

**Alors que l'équipe disparaissait dans les arbres, le cri de
Dave résonna derrière eux.**

În timp ce echipa dispărea printre copaci, strigătul lui Dave a
răsunat în spatele lor.

**Le train de traîneaux s'est brièvement arrêté après avoir
traversé un tronçon de forêt fluviale.**

Trenul de sanie s-a oprit scurt după ce a traversat o fâşie de
pădure de râu.

**Le métis écossais retourna lentement vers le camp situé
derrière lui.**

Metişul scoţian se îndrepta încet spre tabăra din spate.

**Les hommes ont arrêté de parler quand ils l'ont vu quitter le
train de traîneaux.**

Bărbaţii au încetat să vorbească când l-au văzut coborând din
trenul de sanie.

**Puis un coup de feu retentit clairement et distinctement de
l'autre côté du sentier.**

Apoi, o singură împuşcătură a răsunat clar şi ascuţit pe potecă.

**L'homme revint rapidement et reprit sa place sans un mot.**

Bărbatul s-a întors repede şi şi-a ocupat locul fără un cuvânt.

**Les fouets claquaient, les cloches tintaient et les traîneaux
roulaient dans la neige.**

Biciurile pocneau, clopoţeii zăngăneau, iar săniile se
rostogoleau mai departe prin zăpadă.

**Mais Buck savait ce qui s'était passé, et tous les autres chiens
aussi.**

Dar Buck ştia ce se întâmplase – şi la fel ştiau toţi ceilalţi câini.

## Le travail des rênes et du sentier
Truna hăţurilor şi a potecii

**Trente jours après avoir quitté Dawson, le Salt Water Mail atteignit Skaguay.**

La treizeci de zile după ce a plecat din Dawson, Salt Water Mail a ajuns în Skaguay.

**Buck et ses coéquipiers ont pris la tête, arrivant dans un état pitoyable.**

Buck şi coechipierii săi au preluat conducerea, sosind într-o stare jalnică.

**Buck était passé de cent quarante à cent quinze livres.**

Buck slăbise de la o sută patruzeci la o sută cincisprezece kilograme.

**Les autres chiens, bien que plus petits, avaient perdu encore plus de poids.**

Ceilalţi câini, deşi mai mici, slăbiseră şi mai mult în greutate.

**Pike, autrefois un faux boiteux, traînait désormais derrière lui une jambe véritablement blessée.**

Pike, cândva un şchiopătator fals, trăgea acum după el un picior cu adevărat rănit.

**Solleks boitait beaucoup et Dub avait une omoplate déchirée.**

Solleks şchiopăta rău, iar Dub avea omoplatul rupt.

**Tous les chiens de l'équipe avaient mal aux pieds après des semaines passées sur le sentier gelé.**

Fiecare câine din echipă avea dureri de picioare după săptămânile petrecute pe poteca îngheţată.

**Ils n'avaient plus aucun ressort dans leurs pas, seulement un mouvement lent et traînant.**

Nu mai aveau niciun fel de elasticitate în paşii lor, doar o mişcare lentă, târâtă.

**Leurs pieds heurtent durement le sentier, chaque pas ajoutant plus de tension à leur corps.**

Picioarele lor ating calea puternic, fiecare pas adăugând şi mai multă presiune asupra corpurilor lor.

**Ils n'étaient pas malades, seulement épuisés au-delà de toute guérison naturelle.**

Nu erau bolnavi, ci doar epuizați până la capătul oricărei vindecări naturale.

**Ce n'était pas la fatigue d'une dure journée, guérie par une nuit de repos.**

Aceasta nu era oboseală după o zi grea, vindecată cu o noapte de odihnă.

**C'était un épuisement qui s'était construit lentement au fil de mois d'efforts épuisants.**

Era o epuizare acumulată încetul cu încetul, de-a lungul lunilor de eforturi extenuante.

**Il ne leur restait plus aucune force de réserve : ils avaient épuisé toutes leurs forces.**

Nu mai rămăseseră nicio rezervă de forțe — își consumaseră tot ce le mai rămăsese.

**Chaque muscle, chaque fibre et chaque cellule de leur corps étaient épuisés et usés.**

Fiecare mușchi, fibră și celulă din corpurile lor era epuizată și uzată.

**Et il y avait une raison : ils avaient parcouru deux mille cinq cents kilomètres.**

Și exista un motiv – parcurseseră două mii cinci sute de mile.

**Ils ne s'étaient reposés que cinq jours au cours des mille huit cents derniers kilomètres.**

Se odihniseră doar cinci zile în ultimele opt sute de mile.

**Lorsqu'ils arrivèrent à Skaguay, ils semblaient à peine capables de se tenir debout.**

Când au ajuns la Skaguay, păreau că abia se mai pot ține în picioare.

**Ils ont lutté pour garder les rênes serrées et rester devant le traîneau.**

Se chinuiau să țină hățurile strânse și să rămână în fața saniei.

**Dans les descentes, ils ont tout juste réussi à éviter d'être écrasés.**

Pe pantele de coborâre, au reușit doar să evite să fie călcați.

« Continuez, pauvres pieds endoloris », dit le chauffeur tandis qu'ils boitaient.

„Mărșăluiți mai departe, bietele picioare dureroase", a spus șoferul în timp ce șchiopătau.

« C'est la dernière ligne droite, après quoi nous aurons tous droit à un long repos, c'est sûr. »

„Aceasta e ultima porțiune, apoi cu siguranță ne vom odihni cu toții mult."

« Un très long repos », promit-il en les regardant avancer en titubant.

„O odihnă cu adevărat lungă", promise el, privindu-i cum se clătină înainte.

Les pilotes s'attendaient à bénéficier d'une longue pause bien méritée.

Șoferii se așteptau să aibă acum o pauză lungă și binemeritată.

Ils avaient parcouru douze cents milles avec seulement deux jours de repos.

Parcurseseră două sute două sute de mile, cu doar două zile de odihnă.

Par souci d'équité et de raison, ils estimaient avoir mérité un temps de détente.

Prin corectitudine și rațiune, au simțit că își câștigaseră timp să se relaxeze.

Mais trop de gens étaient venus au Klondike et trop peu étaient restés chez eux.

Dar prea mulți veniseră în Klondike și prea puțini rămăseseră acasă.

Les lettres des familles ont afflué, créant des piles de courrier en retard.

Scrisorile de la familii au sosit în valuri, creând grămezi de corespondență întârziate.

Les ordres officiels sont arrivés : de nouveaux chiens de la Baie d'Hudson allaient prendre le relais.

Au sosit ordinele oficiale — noi câini din Hudson Bay urmau să preia controlul.

Les chiens épuisés, désormais considérés comme sans valeur, devaient être éliminés.

Câinii epuizați, numiți acum fără valoare, urmau să fie eliminați.

**Comme l'argent comptait plus que les chiens, ils allaient être vendus à bas prix.**

Întrucât banii contau mai mult decât câinii, urmau să fie vânduți ieftin.

**Trois jours supplémentaires passèrent avant que les chiens ne ressentent à quel point ils étaient faibles.**

Au mai trecut trei zile până când câinii au simțit cât de slăbiți erau.

**Le quatrième matin, deux hommes venus des États-Unis ont acheté toute l'équipe.**

În a patra dimineață, doi bărbați din State au cumpărat întreaga echipă.

**La vente comprenait tous les chiens, ainsi que leur harnais usagé.**

Vânzarea a inclus toți câinii, plus hamurile lor uzate.

**Les hommes s'appelaient mutuellement « Hal » et « Charles » lorsqu'ils concluaient l'affaire.**

Bărbații și-au spus reciproc „Hal" și „Charles" în timp ce finalizau tranzacția.

**Charles était d'âge moyen, pâle, avec des lèvres molles et des pointes de moustache féroces.**

Charles era de vârstă mijlocie, palid, cu buze flasce și vârfuri de mustață aprige.

**Hal était un jeune homme, peut-être âgé de dix-neuf ans, portant une ceinture bourrée de cartouches.**

Hal era un tânăr, poate de nouăsprezece ani, purtând o centură umplută cu cartușe.

**La ceinture contenait un gros revolver et un couteau de chasse, tous deux inutilisés.**

Centura conținea un revolver mare și un cuțit de vânătoare, ambele nefolosite.

**Cela a montré à quel point il était inexpérimenté et inapte à la vie dans le Nord.**

A arătat cât de lipsit de experiență și nepotrivit era pentru viața din nord.

**Aucun des deux hommes n'appartenait à la nature sauvage ; leur présence défiait toute raison.**

Niciunul dintre ei nu avea locul în sălbăticie; prezența lor sfida orice rațiune.

**Buck a regardé l'argent échanger des mains entre l'acheteur et l'agent.**

Buck a privit cum banii se schimbau între cumpărător și agent.

**Il savait que les conducteurs du train postal allaient le quitter comme les autres.**

Știa că mecanicii de locomotivă îi părăseau viața la fel ca toți ceilalți.

**Ils suivirent Perrault et François, désormais irrévocables.**

I-au urmat pe Perrault și François, acum dispăruți și fără nicio amintire.

**Buck et l'équipe ont été conduits dans le camp négligé de leurs nouveaux propriétaires.**

Buck și echipa au fost conduși în tabăra neglijentă a noilor lor proprietari.

**La tente s'affaissait, la vaisselle était sale et tout était en désordre.**

Cortul era lăsat, vasele erau murdare și totul zăcea în dezordine.

**Buck remarqua également une femme : Mercedes, la femme de Charles et la sœur de Hal.**

Buck a observat și o femeie acolo — Mercedes, soția lui Charles și sora lui Hal.

**Ils formaient une famille complète, bien que loin d'être adaptée au sentier.**

Alcătuiau o familie completă, deși departe de a fi potriviți pentru traseu.

**Buck regarda nerveusement le trio commencer à emballer les fournitures.**

Buck i-a privit nervos pe cei trei cum începeau să împacheteze proviziile.

**Ils ont travaillé dur mais sans ordre, juste du grabuge et des efforts gaspillés.**

Au muncit din greu, dar fără ordine – doar agitație și efort irosit.

**La tente a été roulée dans une forme volumineuse, beaucoup trop grande pour le traîneau.**

Cortul a fost rulat într-o formă voluminoasă, mult prea mare pentru sanie.

**La vaisselle sale a été emballée sans avoir été nettoyée ni séchée du tout.**

Vasele murdare erau împachetate fără a fi spălate sau uscate deloc.

**Mercedes voltigeait, parlant constamment, corrigeant et intervenant.**

Mercedes se foia de colo-colo, vorbind, corectând și amestecându-se întruna.

**Lorsqu'un sac était placé à l'avant, elle insistait pour qu'il soit placé à l'arrière.**

Când i-a fost pus un sac în față, ea a insistat să fie pus în spate.

**Elle a mis le sac au fond, et l'instant d'après, elle en avait besoin.**

A împachetat sacul jos și în clipa următoare a avut nevoie de el.

**Le traîneau a donc été déballé à nouveau pour atteindre le sac spécifique.**

Așa că sania a fost despachetată din nou pentru a ajunge la geanta specifică.

**À proximité, trois hommes se tenaient devant une tente, observant la scène se dérouler.**

În apropiere, trei bărbați stăteau în fața unui cort, privind desfășurarea scenei.

**Ils souriaient, faisaient des clins d'œil et souriaient à la confusion évidente des nouveaux arrivants.**

Au zâmbit, au făcut cu ochiul și au rânjit la vederea nedumeririi evidente a nou-veniților.

**« Vous avez déjà une charge très lourde », dit l'un des hommes.**

„Ai deja o încărcătură foarte grea", a spus unul dintre bărbați.

« Je ne pense pas que tu devrais porter cette tente, mais c'est ton choix. »

„Nu cred că ar trebui să cari cortul acela, dar e alegerea ta."

« Inimaginable ! » s'écria Mercedes en levant les mains de désespoir.

„Niciodată!", a strigat Mercedes, ridicând mâinile în semn de disperare.

« Comment pourrais-je voyager sans une tente sous laquelle dormir ? »

„Cum aș putea călători fără un cort sub care să stau?"

« C'est le printemps, vous ne verrez plus jamais de froid », répondit l'homme.

„E primăvară — nu veți mai vedea vreme rece", a răspuns bărbatul.

Mais elle secoua la tête et ils continuèrent à empiler des objets sur le traîneau.

Dar ea clătină din cap, iar ei continuau să îngrămădească obiecte pe sanie.

La charge s'élevait dangereusement alors qu'ils ajoutaient les dernières choses.

Încărcătura se înălța periculos de sus în timp ce adăugau ultimele lucruri.

« Tu penses que le traîneau va rouler ? » demanda l'un des hommes avec un regard sceptique.

„Crezi că sania va merge?" a întrebat unul dintre bărbați cu o privire sceptică.

« Pourquoi pas ? » rétorqua Charles, vivement agacé.

„De ce n-ar trebui?", a replicat Charles tăios, cu o iritare ascuțită.

« Oh, ce n'est pas grave », dit rapidement l'homme, s'éloignant de l'offense.

„O, e-n regulă", spuse bărbatul repede, dându-se înapoi pentru a nu se simți ofensat.

« Je me demandais juste – ça me semblait un peu trop lourd. »

„Mă întrebam doar — mie mi s-a părut pur și simplu puțin prea greu în partea de sus."

**Charles se détourna et attacha la charge du mieux qu'il put.**

Charles s-a întors și a legat încărcătura cât de bine a putut.

**Mais les attaches étaient lâches et l'emballage mal fait dans l'ensemble.**

Dar legăturile erau slăbite, iar ambalajul era prost făcut per total.

**« Bien sûr, les chiens tireront ça toute la journée », a dit un autre homme avec sarcasme.**

„Sigur, câinii vor trage de asta toată ziua", a spus sarcastic un alt bărbat.

**« Bien sûr », répondit froidement Hal en saisissant le long mât du traîneau.**

— Desigur, răspunse Hal rece, apucând bara lungă de ancorare a saniei.

**D'une main sur le poteau, il faisait tournoyer le fouet dans l'autre.**

Cu o mână pe prăjină, lovea biciul în cealaltă.

**« Allons-y ! » cria-t-il. « Allez ! » exhortant les chiens à démarrer.**

„Hai să mergem!", a strigat el. „Mișcați-o!", îndemnându-i pe câini să pornească.

**Les chiens se sont penchés sur le harnais et ont tendu pendant quelques instants.**

Câinii s-au aplecat în ham și s-au încordat câteva clipe.

**Puis ils s'arrêtèrent, incapables de déplacer d'un pouce le traîneau surchargé.**

Apoi s-au oprit, incapabili să miște sania supraîncărcată nici măcar un centimetru.

**« Ces brutes paresseuses ! » hurla Hal en levant le fouet pour les frapper.**

„Brutele leneșe!" a strigat Hal, ridicând biciul să-i lovească.

**Mais Mercedes s'est précipitée et a saisi le fouet des mains de Hal.**

Dar Mercedes s-a repezit înăuntru și i-a luat biciul din mâini lui Hal.

**« Oh, Hal, n'ose pas leur faire de mal », s'écria-t-elle, alarmée.**

„O, Hal, nu îndrăzni să le faci rău!", a strigat ea alarmată.

**« Promets-moi que tu seras gentil avec eux, sinon je n'irai pas plus loin. »**

„Promite-mi că vei fi amabil cu ei, altfel nu voi mai face niciun pas."

**« Tu ne connais rien aux chiens », lança Hal à sa sœur.**

„Habar n-ai despre câini", i-a răspuns Hal surorii sale.

**« Ils sont paresseux, et la seule façon de les déplacer est de les fouetter. »**

„Sunt leneși și singura modalitate de a-i mișca este să-i biciuiești."

**« Demandez à n'importe qui, demandez à l'un de ces hommes là-bas si vous doutez de moi. »**

„Întreabă pe oricine – întreabă pe unul dintre oamenii aceia de acolo dacă te îndoiești de mine."

**Mercedes regarda les spectateurs avec des yeux suppliants et pleins de larmes.**

Mercedes se uita la privitori cu ochi rugători și în lacrimi.

**Son visage montrait à quel point elle détestait la vue de la douleur.**

Fața ei citea cât de profund ura vederea oricărei dureri.

**« Ils sont faibles, c'est tout », dit un homme. « Ils sont épuisés. »**

„Sunt slabi, asta e tot", a spus un bărbat. „Sunt epuizați."

**« Ils ont besoin de repos, ils ont travaillé trop longtemps sans pause. »**

„Au nevoie de odihnă — au fost munciți prea mult timp fără pauză."

**« Que le repos soit maudit », murmura Hal, la lèvre retroussée.**

„Blestem să fie odihnă în pace", mormăi Hal cu buza strâmbă.

**Mercedes haleta, clairement peinée par ce mot grossier de sa part.**

Mercedes a gâfâit, evident dureroasă de cuvântul vulgar rostit de el.

**Pourtant, elle est restée loyale et a immédiatement défendu son frère.**

Totuși, ea a rămas loială și și-a apărat imediat fratele.

« Ne fais pas attention à cet homme », dit-elle à Hal. « Ce sont nos chiens. »

„Nu-l lua în seamă pe omul ăla", i-a spus ea lui Hal. „Sunt câinii noștri."

« Vous les conduisez comme bon vous semble, faites ce que vous pensez être juste. »

„Le conduci cum consideri de cuviință – fă ce crezi că e corect."

Hal leva le fouet et frappa à nouveau les chiens sans pitié.

Hal a ridicat biciul și a lovit din nou câinii fără milă.

Ils se sont précipités en avant, le corps bas, les pieds poussant dans la neige.

S-au năpustit înainte, cu corpurile joase, cu picioarele înfipte în zăpadă.

Toutes leurs forces étaient utilisées pour tirer, mais le traîneau ne bougeait pas.

Toată puterea lor s-a îndreptat spre tragere, dar sania nu se mișca.

Le traîneau est resté coincé, comme une ancre figée dans la neige tassée.

Sania a rămas blocată, ca o ancoră înghețată în zăpada batată.

Après un deuxième effort, les chiens s'arrêtèrent à nouveau, haletants.

După un al doilea efort, câinii s-au oprit din nou, gâfâind greu.

Hal leva à nouveau le fouet, juste au moment où Mercedes intervenait à nouveau.

Hal a ridicat din nou biciul, exact când Mercedes a intervenit din nou.

Elle tomba à genoux devant Buck et lui serra le cou.

Ea a căzut în genunchi în fața lui Buck și l-a îmbrățișat.

Les larmes lui montèrent aux yeux tandis qu'elle suppliait le chien épuisé.

Lacrimile i s-au umplut de lacrimi în timp ce îl implora pe câinele epuizat.

« Pauvres chéris », dit-elle, « pourquoi ne tirez-vous pas plus fort ? »

„Săracii de voi", a spus ea, „de ce nu trageți mai tare?"

« Si tu tires, tu ne seras pas fouetté comme ça. »

„Dacă tragi, atunci n-o să fii biciuit așa."

**Buck n'aimait pas Mercedes, mais il était trop fatigué pour lui résister maintenant.**

Buck nu o iubea pe Mercedes, dar era prea obosit ca să-i mai reziste acum.

**Il accepta ses larmes comme une simple partie de cette journée misérable.**

El a acceptat lacrimile ei ca pe doar încă o parte a zilei mizerabile.

**L'un des hommes qui regardaient a finalement parlé après avoir retenu sa colère.**

Unul dintre bărbații care priveau a vorbit în sfârșit, după ce și-a stăpânit furia.

**« Je me fiche de ce qui vous arrive, mais ces chiens comptent. »**

„Nu-mi pasă ce se întâmplă cu voi, oameni buni, dar câinii aceia contează."

**« Si vous voulez aider, détachez ce traîneau, il est gelé dans la neige. »**

„Dacă vrei să ajuți, dezlănțuie sania aia — e înghețată până la zăpadă."

**« Appuyez fort sur la perche, à droite et à gauche, et brisez le sceau de glace. »**

„Apăsați tare pe stâlp, la dreapta și la stânga, și rupeți sigiliul de gheață."

**Une troisième tentative a été faite, cette fois-ci suite à la suggestion de l'homme.**

S-a făcut o a treia încercare, de data aceasta urmând sugestia bărbatului.

**Hal a balancé le traîneau d'un côté à l'autre, libérant les patins.**

Hal a legănat sania dintr-o parte în alta, desprinzând glisierele.

Le traîneau, bien que surchargé et maladroit, a finalement fait un bond en avant.

Sania, deși supraîncărcată și stângace, în cele din urmă s-a clătinat înainte.

Buck et les autres tiraient sauvagement, poussés par une tempête de coups de fouet.

Buck și ceilalți trăgeau nebunește, împinși de o furtună de lovituri de bici.

Une centaine de mètres plus loin, le sentier courbait et descendait en pente dans la rue.

La o sută de metri mai în față, poteca se curba și cobora în pantă în stradă.

Il aurait fallu un conducteur expérimenté pour maintenir le traîneau droit.

Ar fi fost nevoie de un șofer priceput ca să țină sania în poziție verticală.

Hal n'était pas habile et le traîneau a basculé en tournant dans le virage.

Hal nu era priceput, iar sania s-a răsturnat când a luat-o după curbă.

Les sangles lâches ont cédé et la moitié de la charge s'est répandue sur la neige.

Legurile slăbite au cedat, iar jumătate din încărcătură s-a vărsat pe zăpadă.

Les chiens ne s'arrêtèrent pas ; le traîneau le plus léger volait sur le côté.

Câinii nu s-au oprit; sania mai ușoară zbura pe o parte.

En colère à cause des mauvais traitements et du lourd fardeau, les chiens couraient plus vite.

Furioși din cauza abuzurilor și a poverii grele, câinii au alergat mai repede.

Buck, furieux, s'est mis à courir, suivi par l'équipe.

Buck, furios, a început să alerge, urmat de echipă.

Hal a crié « Whoa ! Whoa ! » mais l'équipe ne lui a pas prêté attention.

Hal a strigat „Uau! Uau!", dar echipa nu l-a băgat în seamă.

Il a trébuché, est tombé et a été traîné au sol par le harnais.

S-a împiedicat, a căzut și a fost târât pe pământ de ham.

**Le traîneau renversé l'a heurté tandis que les chiens couraient devant.**

Sania răsturnată s-a lovit de el în timp ce câinii goneau înainte.

**Le reste des fournitures est dispersé dans la rue animée de Skaguay.**

Restul proviziilor împrăștiate pe strada aglomerată din Skaguay.

**Des personnes au grand cœur se sont précipitées pour arrêter les chiens et rassembler le matériel.**

Oameni buni la suflet s-au grăbit să oprească câinii și să adune echipamentul.

**Ils ont également donné des conseils, directs et pratiques, aux nouveaux voyageurs.**

De asemenea, le-au dat sfaturi, directe și practice, noilor călători.

**« Si vous voulez atteindre Dawson, prenez la moitié du chargement et doublez les chiens. »**

„Dacă vrei să ajungi la Dawson, ia jumătate din încărcătură și dublează numărul de câini."

**Hal, Charles et Mercedes écoutaient, mais sans enthousiasme.**

Hal, Charles și Mercedes au ascultat, deși nu cu entuziasm.

**Ils ont installé leur tente et ont commencé à trier leurs provisions.**

Și-au instalat cortul și au început să-și sorteze proviziile.

**Des conserves sont sorties, ce qui a fait rire les spectateurs.**

Au ieșit conserve, ceea ce i-a făcut pe spectatori să râdă în hohote.

**« Des conserves sur le sentier ? Tu vas mourir de faim avant qu'elles ne fondent », a dit l'un d'eux.**

„Conserve pe potecă? O să mori de foame înainte să se topească alea", a spus unul.

**« Des couvertures d'hôtel ? Tu ferais mieux de toutes les jeter. »**

„Pături de hotel? Mai bine le arunci pe toate."

« Laissez tomber la tente aussi, et personne ne fait la
vaisselle ici. »

„Aruncă şi cortul, şi nimeni nu spală vase aici."

« Tu crois que tu voyages dans un train Pullman avec des
domestiques à bord ? »

„Crezi că mergi într-un tren Pullman cu servitori la bord?"

Le processus a commencé : chaque objet inutile a été jeté de
côté.

Procesul a început — fiecare obiect inutil a fost aruncat
deoparte.

Mercedes a pleuré lorsque ses sacs ont été vidés sur le sol
enneigé.

Mercedes a plâns când genţile ei au fost golite pe pământul
înzăpezit.

Elle sanglotait sur chaque objet jeté, un par un, sans pause.

A plâns fără pauză pentru fiecare obiect aruncat, unul câte
unul.

Elle jura de ne plus faire un pas de plus, même pas pendant
dix Charles.

Ea a jurat să nu mai facă niciun pas — nici măcar pentru zece
Charles-uri.

Elle a supplié chaque personne à proximité de la laisser
garder ses objets précieux.

Ea a implorat fiecare persoană din apropiere să o lase să-şi
păstreze lucrurile preţoase.

Finalement, elle s'essuya les yeux et commença à jeter même
les vêtements essentiels.

În cele din urmă, şi-a şters ochii şi a început să arunce chiar şi
hainele esenţiale.

Une fois les siennes terminées, elle commença à vider les
provisions des hommes.

Când a terminat cu ale ei, a început să golească proviziile
bărbaţilor.

Comme un tourbillon, elle a déchiré les affaires de Charles
et Hal.

Ca un vârtej, a sfâşiat lucrurile lui Charles şi ale lui Hal.

**Même si la charge était réduite de moitié, elle était encore bien plus lourde que nécessaire.**

Deși încărcătura fusese înjumătățită, era totuși mult mai grea decât era necesar.

**Cette nuit-là, Charles et Hal sont sortis et ont acheté six nouveaux chiens.**

În seara aceea, Charles și Hal au ieșit și au cumpărat șase câini noi.

**Ces nouveaux chiens ont rejoint les six originaux, plus Teek et Koona.**

Acești câini noi s-au alăturat celor șase originali, plus Teek și Koona.

**Ensemble, ils formaient une équipe de quatorze chiens attelés au traîneau.**

Împreună au format o pereche de paisprezece câini înhămați de sanie.

**Mais les nouveaux chiens n'étaient pas aptes et mal entraînés au travail en traîneau.**

Dar noii câini erau nepotriviți și prost dresați pentru lucrul cu sania.

**Trois des chiens étaient des pointeurs à poil court et un était un Terre-Neuve.**

Trei dintre câini erau pointer cu păr scurt, iar unul era un Newfoundland.

**Les deux derniers chiens étaient des bâtards sans race ni objectif clairement définis.**

Ultimii doi câini erau câini metiși, fără o rasă sau un scop clar.

**Ils n'ont pas compris le sentier et ne l'ont pas appris rapidement.**

Nu au înțeles poteca și nu au învățat-o repede.

**Buck et ses compagnons les regardaient avec mépris et une profonde irritation.**

Buck și tovarășii săi îi priveau cu dispreț și profundă iritare.

**Bien que Buck leur ait appris ce qu'il ne fallait pas faire, il ne pouvait pas leur enseigner le devoir.**

Deși Buck i-a învățat ce să nu facă, nu putea să-i învețe ce înseamnă datoria.

**Ils n'ont pas bien supporté la vie sur les sentiers ni la traction des rênes et des traîneaux.**

Nu s-au adaptat bine la viața de drumeție sau la tragerea hățurilor și a săniilor.

**Seuls les bâtards essayaient de s'adapter, et même eux manquaient d'esprit combatif.**

Doar corciturile au încercat să se adapteze și chiar și lor le-a lipsit spiritul de luptă.

**Les autres chiens étaient confus, affaiblis et brisés par leur nouvelle vie.**

Ceilalți câini erau confuzi, slăbiți și distruși de noua lor viață.

**Les nouveaux chiens étant désemparés et les anciens épuisés, l'espoir était mince.**

Cu câinii noi neștiutori și cei vechi epuizați, speranța era slabă.

**L'équipe de Buck avait parcouru deux mille cinq cents kilomètres de sentiers difficiles.**

Echipa lui Buck parcursese două mii cinci sute de mile de potecă accidentată.

**Pourtant, les deux hommes étaient joyeux et fiers de leur grande équipe de chiens.**

Totuși, cei doi bărbați erau veseli și mândri de marele lor acompaniament de câini.

**Ils pensaient voyager avec style, avec quatorze chiens attelés.**

Credeau că călătoresc cu stil, cu paisprezece câini însoțiți.

**Ils avaient vu des traîneaux partir pour Dawson, et d'autres en arriver.**

Văzuseră sănii plecând spre Dawson și altele sosind de acolo.

**Mais ils n'en avaient jamais vu un tiré par quatorze chiens.**

Dar niciodată nu văzuseră unul tras de paisprezece câini.

**Il y avait une raison pour laquelle de telles équipes étaient rares dans la nature sauvage de l'Arctique.**

Exista un motiv pentru care astfel de echipe erau rare în sălbăticia arctică.

**Aucun traîneau ne pouvait transporter suffisamment de nourriture pour nourrir quatorze chiens pendant le voyage.**

Nicio sanie nu putea căra suficientă mâncare pentru a hrăni paisprezece câini pe parcursul călătoriei.

**Mais Charles et Hal ne le savaient pas : ils avaient fait le calcul.**

Dar Charles și Hal nu știau asta – făcuseră calculele.

**Ils ont planifié la nourriture : tant par chien, tant de jours, et c'est fait.**

Au desenat mâncarea cu creionul: atât de multă per câine, atâtea zile, gata.

**Mercedes regarda leurs chiffres et hocha la tête comme si cela avait du sens.**

Mercedes s-a uitat la cifrele lor și a dat din cap ca și cum ar fi avut sens.

**Tout cela lui semblait très simple, du moins sur le papier.**

Totul i se părea foarte simplu, cel puțin pe hârtie.

**Le lendemain matin, Buck conduisit lentement l'équipe dans la rue enneigée.**

A doua zi dimineață, Buck a condus echipa încet pe strada înzăpezită.

**Il n'y avait aucune énergie ni aucun esprit en lui ou chez les chiens derrière lui.**

Nu avea nicio energie sau spirit în el, nici în câinii din spatele lui.

**Ils étaient épuisés dès le départ, il n'y avait plus de réserve.**

Erau morți de oboseală de la început — nu mai rămăseseră rezerve.

**Buck avait déjà effectué quatre voyages entre Salt Water et Dawson.**

Buck făcuse deja patru călătorii între Salt Water și Dawson.

**Maintenant, confronté à nouveau à la même épreuve, il ne ressentait que de l'amertume.**

Acum, confruntat din nou cu aceeași potecă, nu simțea decât amărăciune.

**Son cœur n'y était pas, ni celui des autres chiens.**

Inima lui nu era în asta, nici inimile celorlalți câini.

**Les nouveaux chiens étaient timides et les huskies manquaient totalement de confiance.**

Noii câini erau timizi, iar husky-ii nu aveau deloc încredere.

Buck sentait qu'il ne pouvait pas compter sur ces deux hommes ou sur leur sœur.

Buck simțea că nu se putea baza pe acești doi bărbați sau pe sora lor.

Ils ne savaient rien et ne montraient aucun signe d'apprentissage sur le sentier.

Nu știau nimic și nu dădeau semne că ar învăța pe drum.

Ils étaient désorganisés et manquaient de tout sens de la discipline.

Erau dezorganizați și lipsiți de orice simț al disciplinei.

Il leur fallait à chaque fois la moitié de la nuit pour monter un campement bâclé.

De fiecare dată le lua jumătate de noapte să instaleze o tabără neîngrijită.

Et ils passèrent la moitié de la matinée suivante à tâtonner à nouveau avec le traîneau.

Și jumătate din dimineața următoare au petrecut-o din nou bâlbâind cu sania.

À midi, ils s'arrêtaient souvent juste pour réparer la charge inégale.

Până la prânz, se opreau adesea doar ca să repare încărcătura neuniformă.

Certains jours, ils parcouraient moins de dix milles au total.

În unele zile, au parcurs mai puțin de zece mile în total.

D'autres jours, ils ne parvenaient pas du tout à quitter le camp.

În alte zile, nu au reușit să părăsească deloc tabăra.

Ils n'ont jamais réussi à couvrir la distance alimentaire prévue.

Niciodată nu au fost aproape de a acoperi distanța alimentară planificată.

Comme prévu, ils ont très vite manqué de nourriture pour les chiens.

Așa cum era de așteptat, au rămas foarte repede fără mâncare pentru câini.

Ils ont aggravé la situation en les suralimentant au début.

Au înrăutățit lucrurile prin suprahrănirea din primele zile.

À chaque ration négligée, la famine se rapprochait.

Aceasta a adus foametea mai aproape cu fiecare rație neglijentă.

Les nouveaux chiens n'avaient pas appris à survivre avec très peu.

Noii câini nu învățaseră să supraviețuiască cu foarte puțin.

Ils mangeaient avec faim, avec un appétit trop grand pour le sentier.

Au mâncat cu poftă, cu o poftă prea mare pentru drum.

Voyant les chiens s'affaiblir, Hal pensait que la nourriture n'était pas suffisante.

Văzând câinii slăbind, Hal a crezut că mâncarea nu era suficientă.

Il a doublé les rations, rendant l'erreur encore pire.

A dublat rațiile, ceea ce a agravat și mai mult greșeala.

Mercedes a aggravé le problème avec ses larmes et ses douces supplications.

Mercedes a agravat problema cu lacrimi și rugăminți blânde.

Comme elle n'arrivait pas à convaincre Hal, elle nourrissait les chiens en secret.

Când nu l-a putut convinge pe Hal, i-a hrănit pe câini în secret.

Elle a volé des sacs de poissons et les leur a donnés dans son dos.

Ea a furat din sacii cu pește și li l-a dat pe la spatele lui.

Mais ce dont les chiens avaient réellement besoin, ce n'était pas de plus de nourriture, mais de repos.

Dar ceea ce aveau cu adevărat nevoie câinii nu era mai multă mâncare, ci odihnă.

Ils progressaient mal, mais le lourd traîneau continuait à avancer.

Mergeau prost, dar sania grea încă se târa înainte.

Ce poids à lui seul épuisait chaque jour leurs forces restantes.

Numai acea greutate le consuma zilnic puterile rămase.

Puis vint l'étape de la sous-alimentation, les réserves s'épuisant.

Apoi a venit etapa de subhrănire, pe măsură ce proviziile se epuizau.

**Un matin, Hal s'est rendu compte que la moitié de la nourriture pour chien avait déjà disparu.**

Într-o dimineață, Hal și-a dat seama că jumătate din mâncarea pentru câini dispăruse deja.

**Ils n'avaient parcouru qu'un quart de la distance totale du sentier.**

Parcurseseră doar un sfert din distanța totală a traseului.

**On ne pouvait plus acheter de nourriture, quel que soit le prix proposé.**

Nu se mai putea cumpăra mâncare, indiferent de prețul oferit.

**Il a réduit les portions des chiens en dessous de la ration quotidienne standard.**

A redus porțiile câinilor sub rația zilnică standard.

**Dans le même temps, il a exigé des voyages plus longs pour compenser la perte.**

În același timp, a cerut călătorii mai lungi pentru a compensa pierderile.

**Mercedes et Charles ont soutenu ce plan, mais ont échoué dans son exécution.**

Mercedes și Charles au susținut acest plan, dar au eșuat în punerea în aplicare.

**Leur lourd traîneau et leur manque de compétences rendaient la progression presque impossible.**

Sania lor grea și lipsa de îndemânare făceau progresul aproape imposibil.

**Il était facile de donner moins de nourriture, mais impossible de forcer plus d'efforts.**

Era ușor să dai mai puțină mâncare, dar imposibil să forțezi mai mult efort.

**Ils ne pouvaient pas commencer plus tôt, ni voyager pendant des heures supplémentaires.**

Nu puteau începe devreme și nici nu puteau călători ore suplimentare.

**Ils ne savaient pas comment travailler les chiens, ni eux-mêmes d'ailleurs.**

Nu știau cum să lucreze cu câinii, nici pe ei înșiși, de altfel.

**Le premier chien à mourir était Dub, le voleur malchanceux mais travailleur.**

Primul câine care a murit a fost Dub, hoțul ghinionist, dar harnic.

**Bien que souvent puni, Dub avait fait sa part sans se plaindre.**

Deși adesea pedepsit, Dub își făcuse treaba fără să se plângă.

**Son épaule blessée s'est aggravée sans qu'il soit nécessaire de prendre soin de lui et de se reposer.**

Umărul său rănit s-a agravat fără îngrijire și fără a avea nevoie de odihnă.

**Finalement, Hal a utilisé le revolver pour mettre fin aux souffrances de Dub.**

În cele din urmă, Hal a folosit revolverul pentru a pune capăt suferinței lui Dub.

**Un dicton courant dit que les chiens normaux meurent à cause des rations de husky.**

O zicală populară susținea că câinii normali mor cu rații de hrană pentru husky.

**Les six nouveaux compagnons de Buck n'avaient que la moitié de la part de nourriture du husky.**

Cei șase noi tovarăși ai lui Buck aveau doar jumătate din porția de mâncare a husky-ului.

**Le Terre-Neuve est mort en premier, puis les trois braques à poil court.**

Newfoundlandul a murit primul, apoi cei trei pointeri cu păr scurt.

**Les deux bâtards résistèrent plus longtemps mais finirent par périr comme les autres.**

Cei doi corcituri au rezistat mai mult timp, dar în cele din urmă au pierit ca și ceilalți.

**À cette époque, toutes les commodités et la douceur du Southland avaient disparu.**

În acest moment, toate facilitățile și blândețea din Southland dispăruseră.

**Les trois personnes avaient perdu les dernières traces de leur éducation civilisée.**

Cele trei persoane lepădaseră ultimele urme ale educației lor civilizate.

**Dépouillé de glamour et de romantisme, le voyage dans l'Arctique est devenu brutalement réel.**

Lipsite de strălucire și romantism, călătoriile arctice au devenit brutal de reale.

**C'était une réalité trop dure pour leur sens de la virilité et de la féminité.**

Era o realitate prea dură pentru simțul lor de masculinitate și feminitate.

**Mercedes ne pleurait plus pour les chiens, mais maintenant elle pleurait seulement pour elle-même.**

Mercedes nu mai plângea pentru câini, ci acum plângea doar pentru ea însăși.

**Elle passait son temps à pleurer et à se disputer avec Hal et Charles.**

Își petrecea timpul plângând și certându-se cu Hal și Charles.

**Se disputer était la seule chose qu'ils n'étaient jamais trop fatigués de faire.**

Certurile erau singurul lucru pentru care nu erau niciodată prea obosiți.

**Leur irritabilité provenait de la misère, grandissait avec elle et la surpassait.**

Iritabilitatea lor provenea din nefericire, creștea odată cu ea și o depășea.

**La patience du sentier, connue de ceux qui peinent et souffrent avec bienveillance, n'est jamais venue.**

Răbdarea drumului, cunoscută celor care trudesc și suferă cu bunătate, nu a venit niciodată.

**Cette patience, qui garde la parole douce malgré la douleur, leur était inconnue.**

Acea răbdare, care menține vorbirea dulce prin durere, le era necunoscută.

**Ils n'avaient aucune trace de patience, aucune force tirée de la souffrance avec grâce.**

Nu aveau nicio urmă de răbdare, nicio putere trăgându-se din suferința cu har.

**Ils étaient raides de douleur : leurs muscles, leurs os et leur cœur étaient douloureux.**

Erau înțepeniți de durere — îi dureau mușchii, oasele și inima.

**À cause de cela, ils devinrent acerbes et prompts à prononcer des paroles dures.**

Din această cauză, au devenit ascuțiți la limbă și rapizi la cuvinte aspre.

**Chaque jour commençait et se terminait par des voix en colère et des plaintes amères.**

Fiecare zi începea și se termina cu voci furioase și plângeri amare.

**Charles et Hal se disputaient chaque fois que Mercedes leur en donnait l'occasion.**

Charles și Hal se certau ori de câte ori Mercedes le oferea o șansă.

**Chaque homme estimait avoir fait plus que sa juste part du travail.**

Fiecare om credea că a făcut mai mult decât partea sa echitabilă de muncă.

**Aucun des deux n'a jamais manqué une occasion de le dire, encore et encore.**

Niciunul nu a ratat vreodată ocazia să spună asta, iar și iar.

**Parfois, Mercedes se rangeait du côté de Charles, parfois du côté de Hal.**

Uneori, Mercedes era de partea lui Charles, alteori cu Hal.

**Cela a conduit à une grande et interminable querelle entre les trois.**

Aceasta a dus la o ceartă mare și nesfârșită între cei trei.

**Une dispute sur la question de savoir qui devait couper le bois de chauffage est devenue incontrôlable.**

O dispută despre cine ar trebui să taie lemne de foc a scăpat de sub control.

**Bientôt, les pères, les mères, les cousins et les parents décédés ont été nommés.**

Curând, au fost numiți tații, mamele, verii și rudele decedate.

**Les opinions de Hal sur l'art ou les pièces de son oncle sont devenues partie intégrante du combat.**

Părerile lui Hal despre artă sau piesele de teatru ale unchiului său au devenit parte a luptei.

**Les convictions politiques de Charles sont également entrées dans le débat.**

Convingerile politice ale lui Charles au intrat și ele în dezbatere.

**Pour Mercedes, même les ragots de la sœur de son mari semblaient pertinents.**

Pentru Mercedes, chiar și bârfele surorii soțului ei i se păreau relevante.

**Elle a exprimé son opinion sur ce sujet et sur de nombreux défauts de la famille de Charles.**

Ea și-a exprimat opiniile despre asta și despre multe dintre defectele familiei lui Charles.

**Pendant qu'ils se disputaient, le feu restait éteint et le camp à moitié monté.**

În timp ce se certau, focul a rămas stins și tabăra pe jumătate așezată.

**Pendant ce temps, les chiens restaient froids et sans nourriture.**

Între timp, câinii au rămas înghețați și fără mâncare.

**Mercedes avait un grief qu'elle considérait comme profondément personnel.**

Mercedes avea o nemulțumire pe care o considera profund personală.

**Elle se sentait maltraitée en tant que femme, privée de ses doux privilèges.**

S-a simțit maltratată ca femeie, privată de privilegiile ei blânde.

**Elle était jolie et douce, et habituée à la chevalerie toute sa vie.**

Era drăguță și blândă și obișnuită cu cavalerismul toată viața.

**Mais son mari et son frère la traitaient désormais avec impatience.**

Dar soțul și fratele ei o tratau acum cu nerăbdare.

**Elle avait pour habitude d'agir comme si elle était impuissante, et ils commencèrent à se plaindre.**

Obiceiul ei era să se comporte ca şi cum ar fi fost neajutorată, iar ei au început să se plângă.

**Offensée par cela, elle leur rendit la vie encore plus difficile.**

Jignită de acest lucru, le-a făcut viaţa cu atât mai dificilă.

**Elle a ignoré les chiens et a insisté pour conduire elle-même le traîneau.**

Ea i-a ignorat pe câini şi a insistat să se plimbe ea însăşi cu sania.

**Bien que légère en apparence, elle pesait cent vingt livres.**

Deşi era uşoară la înfăţişare, cântărea o sută douăzeci de kilograme.

**Ce fardeau supplémentaire était trop lourd pour les chiens affamés et faibles.**

Aceea povară suplimentară era prea grea pentru câinii înfometaţi şi slabi.

**Elle a continué à monter pendant des jours, jusqu'à ce que les chiens s'effondrent sous les rênes.**

Totuşi, a călărit zile întregi, până când câinii s-au prăbuşit în frâie.

**Le traîneau s'arrêta et Charles et Hal la supplièrent de marcher.**

Sania s-a oprit, iar Charles şi Hal au implorat-o să meargă.

**Ils la supplièrent et la supplièrent, mais elle pleura et les traita de cruels.**

Ei au implorat şi au implorat, dar ea a plâns şi i-a numit cruzi.

**À une occasion, ils l'ont tirée du traîneau avec force et colère.**

Odată, au tras-o jos de pe sanie cu forţă şi furie.

**Ils n'ont plus jamais essayé après ce qui s'est passé cette fois-là.**

Nu au mai încercat niciodată după ce s-a întâmplat atunci.

**Elle devint molle comme un enfant gâté et s'assit dans la neige.**

A rămas moale ca un copil răsfăţat şi a aşezat în zăpadă.

**Ils continuèrent leur chemin, mais elle refusa de se lever ou de les suivre.**

Au pornit mai departe, dar ea a refuzat să se ridice sau să-i urmeze.

**Après trois milles, ils s'arrêtèrent, revinrent et la ramenèrent.**

După cinci kilometri, s-au oprit, s-au întors și au dus-o înapoi.

**Ils l'ont rechargée sur le traîneau, en utilisant encore une fois la force brute.**

Au reîncărcat-o pe sanie, folosind din nou forța brută.

**Dans leur profonde misère, ils étaient insensibles à la souffrance des chiens.**

În profunda lor nefericire, erau insensibili la suferința câinilor.

**Hal croyait qu'il fallait s'endurcir et il a imposé cette croyance aux autres.**

Hal credea că trebuie să te călești și le impune altora această convingere.

**Il a d'abord essayé de prêcher sa philosophie à sa sœur**

A încercat mai întâi să-i predice filozofia surorii sale

**et puis, sans succès, il prêcha à son beau-frère.**

și apoi, fără succes, i-a predicat cumnatului său.

**Il a eu plus de succès avec les chiens, mais seulement parce qu'il leur a fait du mal.**

A avut mai mult succes cu câinii, dar numai pentru că i-a rănit.

**Chez Five Fingers, la nourriture pour chiens est complètement épuisée.**

La Five Fingers, hrana pentru câini a rămas complet fără mâncare.

**Une vieille squaw édentée a vendu quelques kilos de peau de cheval congelée**

O indiancă bătrână fără dinți a vândut câteva kilograme de piele de cal congelată

**Hal a échangé son revolver contre la peau de cheval séchée.**

Hal și-a schimbat revolverul pe pielea uscată de cal.

**La viande provenait de chevaux affamés d'éleveurs de bétail des mois auparavant.**

Carnea provenise de la caii înfometați ai crescătorilor de vite cu luni în urmă.

**Gelée, la peau était comme du fer galvanisé ; dure et immangeable.**

Înghețată, pielea arăta ca fierul galvanizat; dură și necomestibilă.

**Les chiens devaient mâcher la peau sans fin pour la manger.**

Câinii trebuiau să mestece pielea la nesfârșit ca să o mănânce.

**Mais les cordes en cuir et les cheveux courts n'étaient guère une nourriture.**

Dar șnururile pieleoase și părul scurt nu erau deloc hrănitor.

**La majeure partie de la peau était irritante et ne constituait pas véritablement de la nourriture.**

Cea mai mare parte a pielii era iritantă și nu era mâncare în adevăratul sens al cuvântului.

**Et pendant tout ce temps, Buck titubait en tête, comme dans un cauchemar.**

Și, în tot acest timp, Buck se clătina în față, ca într-un coșmar.

**Il tirait quand il le pouvait ; quand il ne le pouvait pas, il restait allongé jusqu'à ce qu'un fouet ou un gourdin le relève.**

Tragea când putea; când nu putea, zăcea până când îl ridicau cu biciul sau bâta.

**Son pelage fin et brillant avait perdu toute sa rigidité et son éclat d'autrefois.**

Blana lui fină și lucioasă își pierduse toată rigiditatea și luciul pe care le avusese odinioară.

**Ses cheveux pendaient, mous, en bataille et coagulés par le sang séché des coups.**

Părul îi atârna moale, zbârlit și închegat de sânge uscat de la lovituri.

**Ses muscles se sont réduits à l'état de cordes et ses coussinets de chair étaient tous usés.**

Mușchii i se contractaseră până la a se transforma în funii vertebrale, iar pernuțele de carne îi erau uzate.

**Chaque côte, chaque os apparaissait clairement à travers les plis de la peau ridée.**

Fiecare coastă, fiecare os se vedea clar prin pliurile pielii ridate.

**C'était déchirant, mais le cœur de Buck ne pouvait pas se briser.**

A fost sfâșietor, totuși inima lui Buck nu se putea frânge.

**L'homme au pull rouge avait testé cela et l'avait prouvé il y a longtemps.**

Bărbatul în pulover roșu testase asta și o dovedise cu mult timp în urmă.

**Comme ce fut le cas pour Buck, ce fut le cas pour tous ses coéquipiers restants.**

Așa cum a fost cu Buck, așa a fost și cu toți coechipierii săi rămași.

**Il y en avait sept au total, chacun étant un squelette ambulant de misère.**

Erau șapte în total, fiecare un schelet ambulant al nefericirii.

**Ils étaient devenus insensibles au fouet, ne ressentant qu'une douleur lointaine.**

Deveniseră amorțiți la lovituri de bici, simțind doar o durere îndepărtată.

**Même la vue et le son leur parvenaient faiblement, comme à travers un épais brouillard.**

Chiar și vederea și sunetul ajungeau slab la ei, ca printr-o ceață densă.

**Ils n'étaient pas à moitié vivants : c'étaient des os avec de faibles étincelles à l'intérieur.**

Nu erau pe jumătate vii – erau doar oase cu scântei slabe înăuntru.

**Lorsqu'ils s'arrêtèrent, ils s'effondrèrent comme des cadavres, leurs étincelles presque éteintes.**

Când s-au oprit, s-au prăbușit ca niște cadavre, scânteile aproape dispărându-le.

**Et lorsque le fouet ou le gourdin frappaient à nouveau, les étincelles voltigeaient faiblement.**

Și când biciul sau bâta lovea din nou, scânteile fluturau slab.

**Puis ils se levèrent, titubèrent en avant et traînèrent leurs membres en avant.**

Apoi s-au ridicat, s-au clătinat înainte și și-au târât membrele înainte.

**Un jour, le gentil Billee tomba et ne put plus se relever du tout.**

Într-o zi, bunul Billee a căzut și nu s-a mai putut ridica deloc.

**Hal avait échangé son revolver, alors il a utilisé une hache pour tuer Billee à la place.**

Hal își renunțase la revolver, așa că a folosit un topor ca să-l omoare pe Billee.

**Il le frappa à la tête, puis lui coupa le corps et le traîna.**

L-a lovit în cap, apoi i-a tăiat corpul și l-a târât departe.

**Buck vit cela, et les autres aussi ; ils savaient que la mort était proche.**

Buck a văzut asta, și ceilalți la fel; știau că moartea era aproape.

**Le lendemain, Koona partit, ne laissant que cinq chiens dans l'équipe affamée.**

A doua zi, Koona a plecat, lăsând doar cinci câini în echipa înfometată.

**Joe, qui n'était plus méchant, était trop loin pour se rendre compte de quoi que ce soit.**

Joe, care nu mai era rău, era prea dispărut ca să mai fie conștient de mare lucru.

**Pike, ne faisant plus semblant d'être blessé, était à peine conscient.**

Pike, care nu-și mai prefăcea rana, era abia conștient.

**Solleks, toujours fidèle, se lamentait de ne plus avoir de force à donner.**

Solleks, încă credincios, a jelit că nu mai avea puterea să dea.

**Teek a été le plus battu parce qu'il était plus frais, mais qu'il s'estompait rapidement.**

Teek a fost cel mai mult bătut pentru că era mai proaspăt, dar se stingea repede.

**Et Buck, toujours en tête, ne maintenait plus l'ordre ni ne le faisait respecter.**

Iar Buck, încă în frunte, nu mai menținea ordinea și nici nu o mai impunea.

**À moitié aveugle à cause de sa faiblesse, Buck suivit la piste au toucher seul.**

Pe jumătate orb de slăbiciune, Buck a urmat calea doar prin simț.

**C'était un beau temps printanier, mais aucun d'entre eux ne l'a remarqué.**

Era o vreme frumoasă de primăvară, dar niciunul dintre ei n-a observat-o.

**Chaque jour, le soleil se levait plus tôt et se couchait plus tard qu'avant.**

În fiecare zi soarele răsărea mai devreme și apunea mai târziu decât înainte.

**À trois heures du matin, l'aube était arrivée ; le crépuscule durait jusqu'à neuf heures.**

Pe la trei dimineața, se ivise zorii; amurgul dura până la nouă.

**Les longues journées étaient remplies du plein soleil printanier.**

Zilele lungi erau pline de strălucirea deplină a soarelui de primăvară.

**Le silence fantomatique de l'hiver s'était transformé en un murmure chaleureux.**

Tăcerea fantomatică a iernii se transformase într-un murmur cald.

**Toute la terre s'éveillait, animée par la joie des êtres vivants.**

Tot pământul se trezea, plin de bucuria ființelor vii.

**Le bruit provenait de ce qui était resté mort et immobile pendant l'hiver.**

Sunetul venea din ceea ce zăcuse mort și nemișcat toată iarna.

**Maintenant, ces choses bougeaient à nouveau, secouant le long sommeil de gel.**

Acum, acele lucruri se mișcau din nou, scuturându-se de lungul somn de gheață.

**La sève montait à travers les troncs sombres des pins en attente.**

Seva se ridica prin trunchiurile întunecate ale pinilor care așteptau.

**Les saules et les trembles font apparaître de jeunes bourgeons brillants sur chaque brindille.**

Sălciile și aspenii scot muguri tineri și strălucitori pe fiecare crenguță.

**Les arbustes et les vignes se parent d'un vert frais tandis que les bois prennent vie.**

Arbuștii și vița-de-vie au prins o culoare verde proaspăt pe măsură ce pădurea a prins viață.

**Les grillons chantaient la nuit et les insectes rampaient au soleil.**

Greierii ciripeau noaptea, iar insectele se târau în soarele zilei.

**Les perdrix résonnaient et les pics frappaient profondément dans les arbres.**

Potârnichile bubuiau, iar ciocănitoarele băteau adânc în copaci.

**Les écureuils bavardaient, les oiseaux chantaient et les oies klaxonnaient au-dessus des chiens.**

Veverițele ciripeau, păsările cântau, iar gâștele claxonau peste câini.

**Les oiseaux sauvages arrivaient en groupes serrés, volant vers le haut depuis le sud.**

Păsările sălbatice veneau în grupuri ascuțite, zburând dinspre sud.

**De chaque colline venait la musique des ruisseaux cachés et impétueux.**

De pe fiecare versant se auzea muzica unor pâraie ascunse și repezi.

**Toutes choses ont dégelé et se sont brisées, se sont pliées et ont repris leur mouvement.**

Toate lucrurile s-au dezghețat și au crăpat, s-au îndoit și au izbucnit din nou în mișcare.

**Le Yukon s'efforçait de briser les chaînes de froid de la glace gelée.**

Yukonul s-a străduit să rupă lanțurile reci ale gheții înghețate.

**La glace fondait en dessous, tandis que le soleil la faisait fondre par le dessus.**

Gheața s-a topit dedesubt, în timp ce soarele a topit-o de sus.

**Des trous d'aération se sont ouverts, des fissures se sont propagées et des morceaux sont tombés dans la rivière.**

Găurile de aerisire s-au deschis, crăpăturile s-au extins, iar bucăți au căzut în râu.

**Au milieu de toute cette vie débordante et flamboyante, les voyageurs titubaient.**

În mijlocul acestei vieți explozive și sclipitoare, călătorii se clătinau.

**Deux hommes, une femme et une meute de huskies marchaient comme des morts.**

Doi bărbați, o femeie și o haită de câini husky mergeau ca morții.

**Les chiens tombaient, Mercedes pleurait, mais continuait à conduire le traîneau.**

Câinii cădeau, Mercedes plângea, dar totuși a mers cu sania.

**Hal jura faiblement et Charles cligna des yeux à travers ses yeux larmoyants.**

Hal a înjurat slab, iar Charles a clipit cu ochii înlăcrimați.

**Ils tombèrent sur le camp de John Thornton à l'embouchure de la rivière White.**

Au ajuns împleticindu-se în tabăra lui John Thornton, la gura de vărsare a Râului Alb.

**Lorsqu'ils s'arrêtèrent, les chiens s'effondrèrent, comme s'ils étaient tous morts.**

Când s-au oprit, câinii s-au prăbușit, ca și cum ar fi fost toți morți.

**Mercedes essuya ses larmes et regarda John Thornton.**

Mercedes și-a șters lacrimile și s-a uitat la John Thornton.

**Charles s'assit sur une bûche, lentement et raidement, souffrant du sentier.**

Charles ședea pe un buștean, încet și țeapăn, durut de la potecă.

**Hal parlait pendant que Thornton sculptait l'extrémité d'un manche de hache.**

Hal vorbea în timp ce Thornton cioplea capătul mânerului unui topor.

**Il taillait du bois de bouleau et répondait par des réponses brèves et fermes.**

A cioplit lemn de mesteacăn și a răspuns cu replici scurte și ferme.

**Lorsqu'on lui a demandé son avis, il a donné des conseils, certain qu'ils ne seraient pas suivis.**

Când a fost întrebat, a dat un sfat, sigur că nu va fi urmat.

**Hal a expliqué : « Ils nous ont dit que la glace du sentier disparaissait. »**

Hal a explicat: „Ne-au spus că gheața de pe potecă se desprindea."

**« Ils ont dit que nous devions rester sur place, mais nous sommes arrivés à White River. »**

„Au spus că ar trebui să rămânem pe loc — dar am reușit să ajungem la White River."

**Il a terminé sur un ton moqueur, comme pour crier victoire dans les difficultés.**

A încheiat cu un ton batjocoritor, ca și cum ar fi revendicat victoria în greutăți.

**« Et ils t'ont dit la vérité », répondit doucement John Thornton à Hal.**

— Și ți-au spus adevărul, răspunse John Thornton lui Hal încet.

**« La glace peut céder à tout moment, elle est prête à tomber. »**

„Gheața poate ceda în orice moment — e gata să se desprindă."

**« Seuls un peu de chance et des imbéciles ont pu arriver jusqu'ici en vie. »**

„Doar norocul oarb și proștii ar fi putut ajunge atât de departe cu viață."

**« Je vous le dis franchement, je ne risquerais pas ma vie pour tout l'or de l'Alaska. »**

„Îți spun direct, nu mi-aș risca viața pentru tot aurul Alaskăi."

**« C'est parce que tu n'es pas un imbécile, je suppose », répondit Hal.**

„Asta e pentru că nu ești prost, presupun", răspunse Hal.

**« Tout de même, nous irons à Dawson. » Il déroula son fouet.**

„Totuși, vom merge mai departe la Dawson." Și-a desfăcut biciul.

**« Monte là-haut, Buck ! Salut ! Debout ! Vas-y ! » cria-t-il durement.**

„Urcă-te acolo sus, Buck! Salut! Ridică-te! Haide!", a strigat el aspru.

**Thornton continuait à tailler, sachant que les imbéciles n'entendraient pas la raison.**

Thornton a continuat să cioplească, știind că proștii nu vor auzi rațiunea.

**Arrêter un imbécile était futile, et deux ou trois imbéciles ne changeaient rien.**

A opri un prost era zadarnic — și doi sau trei păcăliți nu schimbau nimic.

**Mais l'équipe n'a pas bougé au son de l'ordre de Hal.**

Dar echipa nu s-a mișcat la auzul comenzii lui Hal.

**Désormais, seuls les coups pouvaient les faire se relever et avancer.**

Până acum, doar loviturile îi mai puteau face să se ridice și să tragă înainte.

**Le fouet claquait encore et encore sur les chiens affaiblis.**

Biciul pocnea iar și iar peste câinii slăbiți.

**John Thornton serra fermement ses lèvres et regarda en silence.**

John Thornton și-a strâns buzele și a privit în tăcere.

**Solleks fut le premier à se relever sous le fouet.**

Solleks a fost primul care s-a ridicat în picioare sub bici.

**Puis Teek le suivit, tremblant. Joe poussa un cri en se relevant.**

Apoi Teek l-a urmat, tremurând. Joe a țipat în timp ce se ridica împleticindu-se.

**Pike a essayé de se relever, a échoué deux fois, puis est finalement resté debout, chancelant.**

Pike a încercat să se ridice, a eșuat de două ori, apoi în cele din urmă s-a ridicat nesigur.

**Mais Buck resta là où il était tombé, sans bouger du tout cette fois.**

Dar Buck zăcea unde căzuse, nemişcându-se deloc de data asta.

**Le fouet le frappait à plusieurs reprises, mais il ne faisait aucun bruit.**

Biciul l-a lovit de nenumărate ori, dar el nu a scos niciun sunet.

**Il n'a pas bronché ni résisté, il est simplement resté immobile et silencieux.**

Nu a tresărit şi nici nu a opus rezistenţă, pur şi simplu a rămas nemişcat şi tăcut.

**Thornton remua plus d'une fois, comme pour parler, mais ne le fit pas.**

Thornton s-a mişcat de mai multe ori, ca şi cum ar fi vrut să vorbească, dar nu a făcut-o.

**Ses yeux s'humidifièrent, et le fouet continuait à claquer contre Buck.**

Ochii i s-au umezit, iar biciul a continuat să pocnească în Buck.

**Finalement, Thornton commença à marcher lentement, ne sachant pas quoi faire.**

În cele din urmă, Thornton a început să se plimbe încet, neştiind ce să facă.

**C'était la première fois que Buck échouait, et Hal devint furieux.**

Era prima dată când Buck eşuase, iar Hal s-a înfuriat.

**Il a jeté le fouet et a pris la lourde massue à la place.**

A aruncat biciul şi a ridicat în schimb bâta grea.

**Le gourdin en bois s'abattit violemment, mais Buck ne se releva toujours pas pour bouger.**

Bâta de lemn a căzut puternic, dar Buck tot nu s-a ridicat să se mişte.

**Comme ses coéquipiers, il était trop faible, mais plus que cela.**

Ca şi coechipierii săi, era prea slab — dar mai mult decât atât.

**Buck avait décidé de ne pas bouger, quoi qu'il arrive.**

Buck hotărâse să nu se mişte, indiferent ce ar fi urmat.

**Il sentait quelque chose de sombre et de certain planer juste devant lui.**

Simțea ceva întunecat și sigur plutind chiar în față.

**Cette peur l'avait saisi dès qu'il avait atteint la rive du fleuve.**

Acea frică îl cuprinsese imediat ce ajunsese la malul râului.

**Cette sensation ne l'avait pas quitté depuis qu'il sentait la glace s'amincir sous ses pattes.**

Sentimentul nu-l părăsise de când simțise gheața subțire sub labe.

**Quelque chose de terrible l'attendait – il le sentait juste au bout du sentier.**

Ceva îngrozitor îl aștepta – simțea că se prefigura chiar la capătul potecii.

**Il n'allait pas marcher vers cette terrible chose devant lui.**

Nu avea de gând să meargă spre acel lucru teribil din față.

**Il n'allait pas obéir à un quelconque ordre qui le conduirait à cette chose.**

Nu avea de gând să asculte de nicio poruncă care l-ar fi dus la chestia aia.

**La douleur des coups ne l'atteignait plus guère, il était trop loin.**

Durerea loviturilor abia dacă îl mai atingea acum – era prea dispărut.

**L'étincelle de vie vacillait faiblement, s'affaiblissant sous chaque coup cruel.**

Scânteia vieții pâlpâia slab, estompată sub fiecare lovitură crudă.

**Ses membres semblaient lointains ; tout son corps semblait appartenir à un autre.**

Membrele lui păreau îndepărtate; întregul său corp părea să aparțină altcuiva.

**Il ressentit un étrange engourdissement alors que la douleur disparaissait complètement.**

A simțit o amorțeală ciudată pe măsură ce durerea i se dispăruse complet.

**De loin, il sentait qu'il était battu, mais il le savait à peine.**

De departe, simțea că este bătut, dar abia dacă își dădea seama.

**Il pouvait entendre les coups sourds faiblement, mais ils ne faisaient plus vraiment mal.**

Auzea slab bufnetele, dar nu îl mai dureau cu adevărat.

**Les coups ont porté, mais son corps ne semblait plus être le sien.**

Loviturile au nimerit, dar corpul său nu mai părea a fi al lui.

**Puis, soudain, sans prévenir, John Thornton poussa un cri sauvage.**

Apoi, dintr-o dată, fără avertisment, John Thornton a scos un țipăt sălbatic.

**C'était inarticulé, plus le cri d'une bête que celui d'un homme.**

Era nearticulat, mai degrabă țipătul unei fiare decât al unui om.

**Il sauta sur l'homme avec la massue et renversa Hal en arrière.**

A sărit asupra bărbatului cu bâta și l-a trântit pe Hal pe spate.

**Hal vola comme s'il avait été frappé par un arbre, atterrissant durement sur le sol.**

Hal a zburat ca și cum ar fi fost lovit de un copac, aterizând puternic pe pământ.

**Mercedes a crié de panique et s'est agrippée au visage.**

Mercedes a țipat tare, panicată, și s-a agățat de față.

**Charles se contenta de regarder, s'essuya les yeux et resta assis.**

Charles doar privi, își șterse ochii și rămase așezat.

**Son corps était trop raide à cause de la douleur pour se lever ou aider au combat.**

Corpul îi era prea înțepenit de durere ca să se ridice sau să ajute la luptă.

**Thornton se tenait au-dessus de Buck, tremblant de fureur, incapable de parler.**

Thornton stătea deasupra lui Buck, tremurând de furie, incapabil să vorbească.

**Il tremblait de rage et luttait pour trouver sa voix à travers elle.**

Tremura de furie și se lupta să-și găsească vocea printre ele.

« Si tu frappes encore ce chien, je te tue », dit-il finalement.

„Dacă mai lovești câinele ăla din nou, te omor", a spus el în cele din urmă.

**Hal essuya le sang de sa bouche et s'avança à nouveau.**

Hal și-a șters sângele de pe gură și a venit din nou înainte.

« C'est mon chien », murmura-t-il. « Dégage, ou je te répare. »

„E câinele meu", a mormăit el. „Dă-te la o parte sau te rezolv eu."

**« Je vais à Dawson, et vous ne m'en empêcherez pas », a-t-il ajouté.**

„Mă duc la Dawson și nu mă oprești", a adăugat el.

**Thornton se tenait fermement entre Buck et le jeune homme en colère.**

Thornton stătea ferm între Buck și tânărul furios.

**Il n'avait aucune intention de s'écarter ou de laisser passer Hal.**

Nu avea nicio intenție să se dea la o parte sau să-l lase pe Hal să treacă.

**Hal sortit son couteau de chasse, long et dangereux à la main.**

Hal și-a scos cuțitul de vânătoare, lung și periculos în mână.

**Mercedes a crié, puis pleuré, puis ri dans une hystérie sauvage.**

Mercedes a țipat, apoi a plâns, apoi a râs cu o isterie sălbatică.

**Thornton frappa la main de Hal avec le manche de sa hache, fort et vite.**

Thornton l-a lovit pe Hal în mâna cu mânerul toporului, tare și repede.

**Le couteau s'est détaché de la main de Hal et a volé au sol.**

Cuțitul a fost desprins din strânsoarea lui Hal și a zburat la pământ.

**Hal essaya de ramasser le couteau, et Thornton frappa à nouveau ses jointures.**

Hal a încercat să ridice cuțitul, iar Thornton și-a lovit din nou încheieturile.

**Thornton se baissa alors, attrapa le couteau et le tint.**

Apoi Thornton s-a aplecat, a apucat cuțitul și l-a ținut în mână.

**D'un coup rapide de manche de hache, il coupa les rênes de Buck.**

Cu două lovituri rapide de mânerul toporului, i-a tăiat hățurile lui Buck.

**Hal n'avait plus aucune résistance et s'éloigna du chien.**

Hal nu mai avea nicio putere de luptă și se dădu înapoi de lângă câine.

**De plus, Mercedes avait désormais besoin de ses deux bras pour se maintenir debout.**

În plus, Mercedes avea nevoie acum de ambele brațe ca să se țină în poziție verticală.

**Buck était trop proche de la mort pour pouvoir à nouveau tirer un traîneau.**

Buck era prea aproape de moarte ca să mai fie de folos la trasul unei sanii.

**Quelques minutes plus tard, ils se sont retirés et ont descendu la rivière.**

Câteva minute mai târziu, au plecat, îndreptându-se în josul râului.

**Buck leva faiblement la tête et les regarda quitter la banque.**

Buck își ridică slab capul și îi privi cum părăsesc banca.

**Pike a mené l'équipe, avec Solleks à l'arrière dans la roue.**

Pike a condus echipa, cu Solleks în spate, la volan.

**Joe et Teek marchaient entre eux, tous deux boitant d'épuisement.**

Joe și Teek mergeau printre ei, amândoi șchiopătând de epuizare.

**Mercedes s'assit sur le traîneau et Hal saisit le long mât.**

Mercedes s-a așezat pe sanie, iar Hal s-a agățat de bara lungă de ancorare.

**Charles trébuchait derrière, ses pas maladroits et incertains.**

Charles se împiedica în urmă, cu pașii stângaci și nesiguri.

**Thornton s'agenouilla près de Buck et chercha doucement des os cassés.**

Thornton a îngenuncheat lângă Buck și a pipăit ușor dacă avea oase rupte.

**Ses mains étaient rudes mais bougeaient avec gentillesse et attention.**

Mâinile lui erau aspre, dar se mișcau cu bunătate și grijă.

**Le corps de Buck était meurtri mais ne présentait aucune blessure durable.**

Corpul lui Buck era învinețit, dar nu prezenta răni permanente.

**Ce qui restait, c'était une faim terrible et une faiblesse quasi totale.**

Ceea ce a rămas a fost o foame cumplită și o slăbiciune aproape totală.

**Au moment où cela fut clair, le traîneau était déjà loin en aval.**

Până când acest lucru a devenit clar, sania mersese mult în avalul râului.

**L'homme et le chien regardaient le traîneau ramper lentement sur la glace fissurée.**

Bărbatul și câinele au privit sania târându-se încet pe gheața crăpată.

**Puis, ils virent le traîneau s'enfoncer dans un creux.**

Apoi, au văzut sania scufundându-se într-o vale.

**Le mât s'est envolé, Hal s'y accrochant toujours en vain.**

Stâlpul a zburat în sus, cu Hal încă agățat de el în zadar.

**Le cri de Mercedes les atteignit à travers la distance froide.**

Țipătul lui Mercedes i-a ajuns dincolo de depărtarea rece.

**Charles se retourna et recula, mais il était trop tard.**

Charles se întoarse și făcu un pas înapoi — dar era prea târziu.

**Une calotte glaciaire entière a cédé et ils sont tous tombés à travers.**

O întreagă calotă de gheață a cedat, și toți au căzut prin ea.

**Les chiens, le traîneau et les gens ont disparu dans l'eau noire en contrebas.**

Câini, sanie și oameni au dispărut în apa neagră de dedesubt.

**Il ne restait qu'un large trou dans la glace là où ils étaient passés.**

Doar o gaură largă în gheață rămăsese pe locul unde trecuseră.

**Le fond du sentier s'était affaissé, comme Thornton l'avait prévenu.**

Partea de jos a potecii se lăsase în urmă – exact așa cum avertizase Thornton.

**Thornton et Buck se regardèrent, silencieux pendant un moment.**

Thornton și Buck s-au privit unul pe altul, tăcuți o clipă.

**« Pauvre diable », dit doucement Thornton, et Buck lui lécha la main.**

— Săracul de tine, spuse Thornton încet, iar Buck își linse mâna.

## Pour l'amour d'un homme
Din dragostea unui bărbat

**John Thornton s'est gelé les pieds dans le froid du mois de décembre précédent.**
Lui John Thornton i-au înghețat picioarele în frigul lunii decembrie precedente.
**Ses partenaires l'ont mis à l'aise et l'ont laissé se rétablir seul.**
Partenerii lui l-au făcut să se simtă confortabil și l-au lăsat să se recupereze singur.
**Ils remontèrent la rivière pour rassembler un radeau de billes de bois pour Dawson.**
S-au dus în susul râului să adune o plută de bușteni de gater pentru Dawson.
**Il boitait encore légèrement lorsqu'il a sauvé Buck de la mort.**
Încă șchiopăta puțin când l-a salvat pe Buck de la moarte.
**Mais avec le temps chaud qui continue, même cette boiterie a disparu.**
Dar, cum vremea caldă persista, chiar și acea șchiopătare a dispărut.
**Allongé au bord de la rivière pendant les longues journées de printemps, Buck se reposait.**
Întins pe malul râului în lungile zile de primăvară, Buck se odihnea.
**Il regardait l'eau couler et écoutait les oiseaux et les insectes.**
El privea apa curgătoare și asculta păsările și insectele.
**Lentement, Buck reprit ses forces sous le soleil et le ciel.**
Încet, Buck și-a recăpătat puterile sub soare și cer.
**Un repos merveilleux après avoir parcouru trois mille kilomètres.**
O odihnă a fost minunată după o călătorie de cinci mii de kilometri.
**Buck est devenu paresseux à mesure que ses blessures guérissaient et que son corps se remplissait.**

Buck a devenit leneș pe măsură ce rănile i se vindecau și corpul i se umplea.

**Ses muscles se raffermirent et la chair revint recouvrir ses os.**

Mușchii i s-au întărit, iar carnea i-a acoperit din nou oasele.

**Ils se reposaient tous : Buck, Thornton, Skeet et Nig.**

Toți se odihneau — Buck, Thornton, Skeet și Nig.

**Ils attendaient le radeau qui allait les transporter jusqu'à Dawson.**

Au așteptat pluta care urma să-i ducă jos la Dawson.

**Skeet était un petit setter irlandais qui s'est lié d'amitié avec Buck.**

Skeet era un mic setter irlandez care s-a împrietenit cu Buck.

**Buck était trop faible et malade pour lui résister lors de leur première rencontre.**

Buck era prea slăbit și bolnav ca să-i reziste la prima lor întâlnire.

**Skeet avait le trait de guérisseur que certains chiens possèdent naturellement.**

Skeet avea trăsătura de vindecător pe care o posedă în mod natural unii câini.

**Comme une mère chatte, elle lécha et nettoya les blessures à vif de Buck.**

Ca o pisică, a lins și a curățat rănile vii ale lui Buck.

**Chaque matin, après le petit-déjeuner, elle répétait son travail minutieux.**

În fiecare dimineață, după micul dejun, își repeta munca minuțioasă.

**Buck s'attendait à son aide autant qu'à celle de Thornton.**

Buck a ajuns să se aștepte la ajutorul ei la fel de mult ca și la cel al lui Thornton.

**Nig était également amical, mais moins ouvert et moins affectueux.**

Și Nig era prietenos, dar mai puțin deschis și mai puțin afectuos.

**Nig était un gros chien noir, à la fois chien de Saint-Hubert et chien de chasse.**

Nig era un câine mare și negru, parte copoi și parte copoi.

Il avait des yeux rieurs et une infinie bonne nature dans son esprit.

Avea ochi râzători și o bunătate nesfârșită în suflet.

À la surprise de Buck, aucun des deux chiens n'a montré de jalousie envers lui.

Spre surprinderea lui Buck, niciunul dintre câini nu a arătat gelozie față de el.

Skeet et Nig ont tous deux partagé la gentillesse de John Thornton.

Atât Skeet, cât și Nig împărtășeau bunătatea lui John Thornton.

À mesure que Buck devenait plus fort, ils l'ont attiré dans des jeux de chiens stupides.

Pe măsură ce Buck devenea mai puternic, l-au ademenit în jocuri prostești de-a câinii.

Thornton jouait souvent avec eux aussi, incapable de résister à leur joie.

Și Thornton se juca adesea cu ei, incapabil să le reziste bucuriei.

De cette manière ludique, Buck est passé de la maladie à une nouvelle vie.

În acest mod jucăuș, Buck a trecut de la boală la o viață nouă.

L'amour – un amour véritable, brûlant et passionné – était enfin à lui.

Iubirea — o iubire adevărată, arzătoare și pasională — a fost în sfârșit a lui.

Il n'avait jamais connu ce genre d'amour dans le domaine de Miller.

Nu cunoscuse niciodată un astfel de fel de dragoste la moșia lui Miller.

Avec les fils du juge, il avait partagé le travail et l'aventure.

Cu fiii judecătorului, împărțise munca și aventurile.

Chez les petits-fils, il vit une fierté raide et vantarde.

La nepoți, el a văzut o mândrie rigidă și lăudăroasă.

Il entretenait avec le juge Miller lui-même une amitié respectueuse.

Cu judecătorul Miller însuși, a avut o prietenie respectuoasă.

**Mais l'amour qui était feu, folie et adoration est venu avec Thornton.**

Dar dragostea care era foc, nebunie și venerație a venit odată cu Thornton.

**Cet homme avait sauvé la vie de Buck, et cela seul signifiait beaucoup.**

Acest om îi salvase viața lui Buck, iar asta în sine însemna enorm.

**Mais plus que cela, John Thornton était le type de maître idéal.**

Dar mai mult decât atât, John Thornton era genul ideal de maestru.

**D'autres hommes s'occupaient de chiens par devoir ou par nécessité professionnelle.**

Alți bărbați aveau grijă de câini din îndatorire sau din necesitate de afaceri.

**John Thornton prenait soin de ses chiens comme s'ils étaient ses enfants.**

John Thornton își îngrijea câinii ca și cum ar fi fost copiii lui.

**Il prenait soin d'eux parce qu'il les aimait et qu'il ne pouvait tout simplement pas s'en empêcher.**

I-a păsat de ei pentru că îi iubea și pur și simplu nu se putea abține.

**John Thornton a vu encore plus loin que la plupart des hommes n'ont jamais réussi à voir.**

John Thornton a văzut chiar mai departe decât au reușit vreodată majoritatea oamenilor.

**Il n'oubliait jamais de les saluer gentiment ou de leur adresser un mot d'encouragement.**

Nu uita niciodată să-i salute cu amabilitate sau să le adreseze un cuvânt de încurajare.

**Il adorait s'asseoir avec les chiens pour de longues conversations, ou « gazeuses », comme il disait.**

Îi plăcea să stea cu câinii pentru discuții lungi sau „să stea gazoși", cum spunea el.

**Il aimait saisir brutalement la tête de Buck entre ses mains fortes.**

Îi plăcea să-i apuce brutal capul lui Buck între mâinile sale puternice.

**Puis il posa sa tête contre celle de Buck et le secoua doucement.**

Apoi şi-a sprijinit capul de al lui Buck şi l-a clătinat uşor.

**Pendant tout ce temps, il traitait Buck de noms grossiers qui signifiaient de l'amour pour Buck.**

În tot acest timp, el îl numea pe Buck cu porecle grosolane care însemnau dragoste pentru Buck.

**Pour Buck, cette étreinte brutale et ces mots ont apporté une joie profonde.**

Lui Buck, acea îmbrăţişare brutală şi acele cuvinte i-au adus o bucurie profundă.

**Son cœur semblait se déchaîner de bonheur à chaque mouvement.**

Inima părea să-i tremure de fericire la fiecare mişcare.

**Lorsqu'il se releva ensuite, sa bouche semblait rire.**

Când a sărit în picioare după aceea, gura lui arăta de parcă ar fi râs.

**Ses yeux brillaient et sa gorge tremblait d'une joie inexprimée.**

Ochii îi străluceau puternic, iar gâtul îi tremura de o bucurie nerostită.

**Son sourire resta figé dans cet état d'émotion et d'affection rayonnante.**

Zâmbetul său a rămas nemişcat în acea stare de emoţie şi afecţiune strălucitoare.

**Thornton s'exclama alors pensivement : « Mon Dieu ! Il peut presque parler ! »**

Apoi Thornton exclamă gânditor: „Doamne! Aproape că poate vorbi!"

**Buck avait une étrange façon d'exprimer son amour qui causait presque de la douleur.**

Buck avea un mod ciudat de a exprima dragostea care aproape provoca durere.

**Il serrait souvent très fort la main de Thornton entre ses dents.**

Adesea strângea foarte tare mâna lui Thornton în dinţi.

**La morsure allait laisser des marques profondes qui resteraient un certain temps après.**

Muşcătura urma să lase urme adânci care au rămas ceva timp după aceea.

**Buck croyait que ces serments étaient de l'amour, et Thornton savait la même chose.**

Buck credea că acele jurăminte erau dragoste, iar Thornton ştia acelaşi lucru.

**Le plus souvent, l'amour de Buck se manifestait par une adoration silencieuse, presque silencieuse.**

Cel mai adesea, dragostea lui Buck se manifesta printr-o adoraţie tăcută, aproape tăcută.

**Bien qu'il soit ravi lorsqu'on le touche ou qu'on lui parle, il ne cherche pas à attirer l'attention.**

Deşi era încântat când era atins sau i se vorbea, nu căuta atenţie.

**Skeet a poussé son nez sous la main de Thornton jusqu'à ce qu'il la caresse.**

Skeet şi-a împins nasul sub mâna lui Thornton până când acesta a mângâiat-o.

**Nig s'approcha tranquillement et posa sa grosse tête sur le genou de Thornton.**

Nig se apropie în linişte şi îşi odihni capul mare pe genunchiul lui Thornton.

**Buck, au contraire, se contentait d'aimer à distance respectueuse.**

Buck, în schimb, se mulţumea să iubească de la o distanţă respectuoasă.

**Il resta allongé pendant des heures aux pieds de Thornton, alerte et observant attentivement.**

A zăcut ore în şir la picioarele lui Thornton, alert şi privind cu atenţie.

**Buck étudiait chaque détail du visage de son maître et le moindre mouvement.**

Buck studia fiecare detaliu al feţei stăpânului său şi cea mai mică mişcare.

**Ou bien il était allongé plus loin, étudiant la silhouette de l'homme en silence.**

Sau a mințit mai departe, studiind silueta bărbatului în tăcere.

**Buck observait chaque petit mouvement, chaque changement de posture ou de geste.**

Buck urmărea fiecare mică mișcare, fiecare schimbare de postură sau gest.

**Ce lien était si puissant qu'il attirait souvent le regard de Thornton.**

Atât de puternică era această conexiune, încât adesea îi atrăgea privirea lui Thornton.

**Il rencontra les yeux de Buck sans un mot, l'amour brillant clairement à travers.**

A întâlnit privirea lui Buck fără cuvinte, dragostea strălucind clar prin ea.

**Pendant longtemps après avoir été sauvé, Buck n'a jamais laissé Thornton hors de vue.**

Multă vreme după ce a fost salvat, Buck nu l-a mai pierdut din vedere pe Thornton.

**Chaque fois que Thornton quittait la tente, Buck le suivait de près à l'extérieur.**

Ori de câte ori Thornton părăsea cortul, Buck îl urma îndeaproape afară.

**Tous les maîtres sévères du Northland avaient fait que Buck avait peur de faire confiance.**

Toți stăpânii aspri din Țara Nordului îl făcuseră pe Buck să se teamă să aibă încredere.

**Il craignait qu'aucun homme ne puisse rester son maître plus d'un court instant.**

Se temea că niciun om nu i-ar putea rămâne stăpân mai mult de puțin timp.

**Il craignait que John Thornton ne disparaisse comme Perrault et François.**

Se temea că John Thornton avea să dispară precum Perrault și François.

**Même la nuit, la peur de le perdre hantait le sommeil agité de Buck.**

Chiar și noaptea, teama de a-l pierde îi bântuia somnul agitat lui Buck.

**Quand Buck se réveilla, il se glissa dehors dans le froid et se dirigea vers la tente.**

Când Buck s-a trezit, s-a strecurat afară, în frig, și s-a dus la cort.

**Il écoutait attentivement le doux bruit de la respiration à l'intérieur.**

A ascultat cu atenție sunetul blând al respirației interioare.

**Malgré l'amour profond de Buck pour John Thornton, la nature sauvage est restée vivante.**

În ciuda iubirii profunde a lui Buck pentru John Thornton, sălbăticia a rămas în viață.

**Cet instinct primitif, éveillé dans le Nord, n'a pas disparu.**

Acel instinct primitiv, trezit în Nord, nu a dispărut.

**L'amour a apporté la dévotion, la loyauté et le lien chaleureux du coin du feu.**

Dragostea aducea devotament, loialitate și legătura caldă din jurul focului.

**Mais Buck a également conservé son instinct sauvage, vif et toujours en alerte.**

Dar Buck și-a păstrat și instinctele sălbatice, ascuțite și mereu alerte.

**Il n'était pas seulement un animal de compagnie apprivoisé venu des terres douces de la civilisation.**

Nu era doar un animal de companie îmblânzit de pe tărâmurile moi ale civilizației.

**Buck était un être sauvage qui était venu s'asseoir près du feu de Thornton.**

Buck era o ființă sălbatică care venise să se așeze lângă focul lui Thornton.

**Il ressemblait à un chien du Southland, mais la sauvagerie vivait en lui.**

Arăta ca un câine din Southland, dar în el trăia sălbăticia.

**Son amour pour Thornton était trop grand pour permettre de voler cet homme.**

Dragostea lui pentru Thornton era prea mare ca să-i permită să fie furat.

**Mais dans n'importe quel autre camp, il volerait avec audace et sans relâche.**

Dar în orice altă tabără, ar fura cu îndrăzneală și fără pauză.

**Il était si habile à voler que personne ne pouvait l'attraper ou l'accuser.**

Era atât de deștept la furat, încât nimeni nu-l putea prinde sau acuza.

**Son visage et son corps étaient couverts de cicatrices dues à de nombreux combats passés.**

Fața și corpul îi erau acoperite de cicatrici de la multe lupte din trecut.

**Buck se battait toujours avec acharnement, mais maintenant il se battait avec plus de ruse.**

Buck încă lupta cu înverșunare, dar acum lupta cu mai multă viclenie.

**Skeet et Nig étaient trop doux pour se battre, et ils appartenaient à Thornton.**

Skeet și Nig erau prea blânzi ca să se lupte, și erau ai lui Thornton.

**Mais tout chien étranger, aussi fort ou courageux soit-il, cédait.**

Dar orice câine străin, oricât de puternic sau curajos ar fi fost, ceda.

**Sinon, le chien se retrouvait à lutter contre Buck, à se battre pour sa vie.**

Altfel, câinele s-a trezit luptându-se cu Buck; luptând pentru viața sa.

**Buck n'a eu aucune pitié une fois qu'il a choisi de se battre contre un autre chien.**

Buck n-a avut milă odată ce a ales să lupte împotriva unui alt câine.

**Il avait bien appris la loi du gourdin et des crocs dans le Nord.**

Învățase bine legea loviturii cu bâta și colțul în Țara Nordului.

**Il n'a jamais abandonné un avantage et n'a jamais reculé devant la bataille.**

Nu a renunțat niciodată la un avantaj și nu s-a retras niciodată din luptă.

**Il avait étudié les Spitz et les chiens les plus féroces de la poste et de la police.**

Studiase spitzii și cei mai feroce câini de poștă și poliție.

**Il savait clairement qu'il n'y avait pas de juste milieu dans un combat sauvage.**

Știa clar că nu există cale de mijloc în luptele sălbatice.

**Il doit gouverner ou être gouverné ; faire preuve de miséricorde signifie faire preuve de faiblesse.**

El trebuia să conducă sau să fie condus; a arăta milă însemna a arăta slăbiciune.

**La miséricorde était inconnue dans le monde brut et brutal de la survie.**

Mila era necunoscută în lumea crudă și brutală a supraviețuirii.

**Faire preuve de miséricorde était perçu comme de la peur, et la peur menait rapidement à la mort.**

A arăta milă era văzut ca frică, iar frica ducea repede la moarte.

**L'ancienne loi était simple : tuer ou être tué, manger ou être mangé.**

Vechea lege era simplă: ucizi sau fii ucis, mănânci sau fii mâncat.

**Cette loi venait des profondeurs du temps, et Buck la suivait pleinement.**

Acea lege venea din adâncurile timpurilor, iar Buck a urmat-o în întregime.

**Buck était plus vieux que son âge et que le nombre de respirations qu'il prenait.**

Buck era mai în vârstă decât anii săi și decât de câte ori respira.

**Il a clairement relié le passé ancien au moment présent.**

El a conectat în mod clar trecutul antic cu momentul prezent.

**Les rythmes profonds des âges le traversaient comme les marées.**

Ritmurile profunde ale veacurilor se mișcau prin el precum mareele.

**Le temps pulsait dans son sang aussi sûrement que les saisons faisaient bouger la terre.**

Timpul îi pulsa în sânge la fel de sigur cum anotimpurile mișcă pământul.

**Il était assis près du feu de Thornton, la poitrine forte et les crocs blancs.**

Stătea lângă focul lui Thornton, cu pieptul puternic și colții albi.

**Sa longue fourrure ondulait, mais derrière lui, les esprits des chiens sauvages observaient.**

Blana lui lungă unduia, dar în spatele lui spiritele câinilor sălbatici pândeau.

**Des demi-loups et des loups à part entière s'agitaient dans son cœur et dans ses sens.**

Lupi pe jumătate și lupi adevărați i se mișcau în inimă și în simțuri.

**Ils goûtèrent sa viande et burent la même eau que lui.**

Au gustat carnea lui și au băut aceeași apă ca și el.

**Ils reniflaient le vent à ses côtés et écoutaient la forêt.**

Au adulmecat vântul alături de el și au ascultat pădurea.

**Ils murmuraient la signification des sons sauvages dans l'obscurité.**

Șopteau semnificațiile sunetelor sălbatice în întuneric.

**Ils façonnaient ses humeurs et guidaient chacune de ses réactions silencieuses.**

I-au modelat dispozițiile și i-au ghidat fiecare dintre reacțiile liniștite.

**Ils se sont couchés avec lui pendant son sommeil et sont devenus une partie de ses rêves profonds.**

Au stat alături de el în timp ce dormea și au devenit parte din visele sale profunde.

**Ils rêvaient avec lui, au-delà de lui, et constituaient son esprit même.**

Au visat împreună cu el, dincolo de el, și i-au alcătuit însăși spiritul.

**Les esprits de la nature appelèrent si fort que Buck se sentit attiré.**

Spiritele sălbăticiei chemau atât de puternic încât Buck se simți atras.

**Chaque jour, l'humanité et ses revendications s'affaiblissaient dans le cœur de Buck.**

Pe zi ce trece, omenirea și pretențiile ei slăbeau în inima lui Buck.

**Au plus profond de la forêt, un appel étrange et palpitant allait s'élever.**

Adânc în pădure, un strigăt ciudat și emoționant urma să se ridice.

**Chaque fois qu'il entendait l'appel, Buck ressentait une envie à laquelle il ne pouvait résister.**

De fiecare dată când auzea chemarea, Buck simțea un impuls căruia nu-i putea rezista.

**Il allait se détourner du feu et des sentiers battus des humains.**

Avea de gând să se întoarcă de la foc și de la cărările bătătorite de oameni.

**Il allait s'enfoncer dans la forêt, avançant sans savoir pourquoi.**

Avea să se afunde în pădure, înaintând fără să știe de ce.

**Il ne remettait pas en question cette attraction, car l'appel était profond et puissant.**

Nu a pus la îndoială această atracție, căci chemarea era profundă și puternică.

**Souvent, il atteignait l'ombre verte et la terre douce et intacte**

Adesea, ajungea la umbra verde și la pământul moale și neatins

**Mais ensuite, son amour profond pour John Thornton l'a ramené vers le feu.**

Dar apoi dragostea puternică pentru John Thornton l-a tras înapoi spre foc.

**Seul John Thornton tenait véritablement le cœur sauvage de Buck entre ses mains.**

Doar John Thornton ținea cu adevărat în strânsoarea sa inima sălbatică a lui Buck.

**Le reste de l'humanité n'avait aucune valeur ni signification durable pour Buck.**

Restul omenirii nu avea nicio valoare sau semnificație durabilă pentru Buck.

**Les étrangers pourraient le féliciter ou caresser sa fourrure avec des mains amicales.**

Străinii l-ar putea lăuda sau i-ar putea mângâia blana cu mâini prietenoase.

**Buck resta impassible et s'éloigna à cause de trop d'affection.**

Buck a rămas nemișcat și a plecat din cauza prea multor afecțiuni.

**Hans et Pete sont arrivés avec le radeau qu'ils attendaient depuis longtemps**

Hans și Pete au sosit cu pluta mult așteptată

**Buck les a ignorés jusqu'à ce qu'il apprenne qu'ils étaient proches de Thornton.**

Buck i-a ignorat până a aflat că erau aproape de Thornton.

**Après cela, il les a tolérés, mais ne leur a jamais montré toute sa chaleur.**

După aceea, i-a tolerat, dar nu le-a arătat niciodată căldură deplină.

**Il prenait de la nourriture ou des marques de gentillesse de leur part comme s'il leur rendait service.**

A luat mâncare sau a primit bunătăți de la ei ca și cum le-ar fi făcut o favoare.

**Ils étaient comme Thornton : simples, honnêtes et clairs dans leurs pensées.**

Erau ca Thornton — simpli, onești și limpezi în gânduri.

**Tous ensemble, ils se rendirent à la scierie de Dawson et au grand tourbillon**

Toți împreună au călătorit la gaterul lui Dawson și la marele vârtej

**Au cours de leur voyage, ils ont appris à comprendre profondément la nature de Buck.**

În călătoria lor, au învățat să înțeleagă în profunzime natura lui Buck.

**Ils n'ont pas essayé de se rapprocher comme Skeet et Nig l'avaient fait.**

Nu au încercat să se apropie așa cum făcuseră Skeet și Nig.

**Mais l'amour de Buck pour John Thornton n'a fait que s'approfondir avec le temps.**

Dar dragostea lui Buck pentru John Thornton s-a adâncit în timp.

**Seul Thornton pouvait placer un sac sur le dos de Buck en été.**

Doar Thornton putea să-i pună un rucsac pe spatele lui Buck vara.

**Quoi que Thornton ordonne, Buck était prêt à l'exécuter pleinement.**

Buck era dispus să îndeplinească pe deplin orice i-a poruncit Thornton.

**Un jour, après avoir quitté Dawson pour les sources du Tanana,**

Într-o zi, după ce au plecat din Dawson spre izvoarele râului Tanana,

**le groupe était assis sur une falaise qui descendait d'un mètre jusqu'au substrat rocheux nu.**

Grupul stătea pe o stâncă care cobora un metru până la roca goală.

**John Thornton était assis près du bord et Buck se reposait à côté de lui.**

John Thornton stătea aproape de margine, iar Buck se odihnea lângă el.

**Thornton eut une pensée soudaine et attira l'attention des hommes.**

Thornton a avut brusc un gând și le-a atras atenția bărbaților.

**Il désigna le gouffre et donna un seul ordre à Buck.**

A arătat peste prăpastie și i-a dat lui Buck o singură comandă.

« Saute, Buck ! » dit-il en balançant son bras au-dessus de la chute.

„Sari, Buck!" a spus el, întinzându-și brațul peste prăpastie.

En un instant, il dut attraper Buck, qui sautait pour obéir.

Într-o clipă, a trebuit să-l apuce pe Buck, care sărea să se supună.

Hans et Pete se sont précipités en avant et ont ramené les deux hommes en sécurité.

Hans și Pete s-au repezit înainte și i-au tras pe amândoi înapoi în siguranță.

Une fois que tout fut terminé et qu'ils eurent repris leur souffle, Pete prit la parole.

După ce totul s-a terminat și ei și-au tras sufletul, Pete a luat cuvântul.

« L'amour est étrange », dit-il, secoué par la dévotion féroce du chien.

„Dragostea e stranie", a spus el, zdruncinat de devotamentul aprig al câinelui.

Thornton secoua la tête et répondit avec un sérieux calme.

Thornton clătină din cap și răspunse cu o seriozitate calmă.

« Non, l'amour est splendide », dit-il, « mais aussi terrible. »

„Nu, dragostea e splendidă", a spus el, „dar și teribilă."

« Parfois, je dois l'admettre, ce genre d'amour me fait peur. »

„Uneori, trebuie să recunosc, acest tip de iubire mă face să mă tem."

Pete hocha la tête et dit : « Je détesterais être l'homme qui te touche. »

Pete dădu din cap și spuse: „Nu mi-ar plăcea să fiu cel care te atinge."

Il regarda Buck pendant qu'il parlait, sérieux et plein de respect.

S-a uitat la Buck în timp ce vorbea, serios și plin de respect.

« Py Jingo ! » s'empressa de dire Hans. « Moi non plus, non monsieur. »

„Py Jingo!" spuse Hans repede. „Nici eu, nu, domnule."

**Avant la fin de l'année, les craintes de Pete se sont réalisées à Circle City.**

Înainte de sfârșitul anului, temerile lui Pete s-au adeverit la Circle City.

**Un homme cruel nommé Black Burton a provoqué une bagarre dans le bar.**

Un bărbat crud pe nume Black Burton s-a bătut în bar.

**Il était en colère et malveillant, s'en prenant à un nouveau tendre.**

Era furios și răutăcios, izbucnind într-un nou-născut picioruș sensibil.

**John Thornton est intervenu, calme et de bonne humeur comme toujours.**

John Thornton a intervenit, calm și binevoitor ca întotdeauna.

**Buck était allongé dans un coin, la tête baissée, observant Thornton de près.**

Buck stătea întins într-un colț, cu capul plecat, privindu-l atent pe Thornton.

**Burton frappa soudainement, son coup envoyant Thornton tourner.**

Burton lovi brusc, pumnul său făcându-l pe Thornton să se întoarcă.

**Seule la barre du bar l'a empêché de s'écraser violemment au sol.**

Doar balustrada barei l-a împiedicat să se prăbușească puternic la pământ.

**Les observateurs ont entendu un son qui n'était ni un aboiement ni un cri.**

Privitorii au auzit un sunet care nu era un lătrat sau un țipăt

**un rugissement profond sorti de Buck alors qu'il se lançait vers l'homme.**

Un răget adânc s-a auzit dinspre Buck în timp ce se arunca spre bărbat.

**Burton a levé le bras et a sauvé sa vie de justesse.**

Burton și-a ridicat brațul și abia și-a salvat propria viață.

**Buck l'a percuté, le faisant tomber à plat sur le sol.**

Buck s-a izbit de el, trântindu-l la pământ.

**Buck mordit profondément le bras de l'homme, puis se jeta à la gorge.**

Buck a mușcat adânc de brațul bărbatului, apoi s-a repezit la gât.

**Burton n'a pu bloquer que partiellement et son cou a été déchiré.**

Burton nu a putut bloca decât parțial, iar gâtul îi era smuls.

**Des hommes se sont précipités, les bâtons levés, et ont chassé Buck de l'homme ensanglanté.**

Bărbații s-au năpustit înăuntru, cu bâtele ridicate, și l-au alungat pe Buck de lângă omul însângerat.

**Un chirurgien est intervenu rapidement pour arrêter l'écoulement du sang.**

Un chirurg a acționat rapid pentru a opri curgerea sângelui.

**Buck marchait de long en large et grognait, essayant d'attaquer encore et encore.**

Buck se plimba de colo colo și mârâia, încercând să atace iar și iar.

**Seuls les coups de massue l'ont empêché d'atteindre Burton.**

Doar crosele de leagăn l-au împiedicat să ajungă la Burton.

**Une réunion de mineurs a été convoquée et tenue sur place.**

O adunare a minerilor a fost convocată și s-a ținut chiar acolo, la fața locului.

**Ils ont convenu que Buck avait été provoqué et ont voté pour le libérer.**

Au fost de acord că Buck fusese provocat și au votat pentru eliberarea lui.

**Mais le nom féroce de Buck résonnait désormais dans tous les camps d'Alaska.**

Dar numele feroce al lui Buck răsuna acum în fiecare tabără din Alaska.

**Plus tard cet automne-là, Buck sauva à nouveau Thornton d'une nouvelle manière.**

Mai târziu în acea toamnă, Buck l-a salvat din nou pe Thornton într-un mod nou.

**Les trois hommes guidaient un long bateau sur des rapides impétueux.**

Cei trei bărbați călăuzeau o barcă lungă pe repezișuri accidentate.

**Thornton dirigeait le bateau et donnait des indications pour se rendre sur le rivage.**

Thornton conducea barca, strigând indicații către țărm.

**Hans et Pete couraient sur terre, tenant une corde d'arbre en arbre.**

Hans și Pete au alergat pe uscat, ținând o frânghie din copac în copac.

**Buck suivait le rythme sur la rive, surveillant toujours son maître.**

Buck ținea pasul pe mal, privindu-și mereu stăpânul.

**À un endroit désagréable, des rochers surplombaient les eaux vives.**

Într-un loc neplăcut, pietre ieșeau sub apa repezită.

**Hans lâcha la corde et Thornton dirigea le bateau vers le large.**

Hans a dat drumul la frânghie, iar Thornton a virat barca pe o parte și pe alta.

**Hans sprinta pour rattraper le bateau en passant devant les rochers dangereux.**

Hans a sprintat să ajungă din nou la barcă, trecând de stâncile periculoase.

**Le bateau a franchi le rebord mais a heurté une partie plus forte du courant.**

Barca a trecut de cornișă, dar a lovit o parte mai puternică a curentului.

**Hans a attrapé la corde trop vite et a déséquilibré le bateau.**

Hans a apucat frânghia prea repede și a dezechilibrat barca.

**Le bateau s'est retourné et a heurté la berge, cul en l'air.**

Barca s-a răsturnat și s-a izbit de mal, cu fundul în sus.

**Thornton a été jeté dehors et emporté dans la partie la plus sauvage de l'eau.**

Thornton a fost aruncat afară și măturat în cea mai sălbatică parte a apei.

**Aucun nageur n'aurait pu survivre dans ces eaux mortelles et tumultueuses.**

Niciun înotător nu ar fi putut supraviețui în acele ape mortale, grăbite.

**Buck sauta instantanément et poursuivit son maître sur la rivière.**

Buck a sărit instantaneu în șa și și-a urmărit stăpânul în josul râului.

**Après trois cents mètres, il atteignit enfin Thornton.**

După trei sute de metri, a ajuns în sfârșit la Thornton.

**Thornton attrapa la queue de Buck, et Buck se tourna vers le rivage.**

Thornton l-a apucat pe Buck de coadă, iar Buck s-a întors spre țărm.

**Il nageait de toutes ses forces, luttant contre la force de l'eau.**

A înotat cu toate puterile, luptând împotriva rezistenței sălbatice a apei.

**Ils se déplaçaient en aval plus vite qu'ils ne pouvaient atteindre le rivage.**

S-au deplasat în aval mai repede decât au putut ajunge la țărm.

**Plus loin, la rivière rugissait plus fort alors qu'elle tombait dans des rapides mortels.**

În față, râul vuia mai tare pe măsură ce se prăbușea în repezișuri mortale.

**Les rochers fendaient l'eau comme les dents d'un énorme peigne.**

Pietrele tăiau apa ca dinții unui pieptene uriaș.

**L'attraction de l'eau près de la chute était sauvage et inévitable.**

Atracția apei lângă picătură era sălbatică și inevitabilă.

**Thornton savait qu'ils ne pourraient jamais atteindre le rivage à temps.**

Thornton știa că nu vor putea niciodată ajunge la țărm la timp.

**Il a gratté un rocher, s'est écrasé sur un deuxième,**

A zgâriat o piatră, s-a izbit de a doua,

**Et puis il s'est écrasé contre un troisième rocher, l'attrapant à deux mains.**

Și apoi s-a izbit de o a treia piatră, apucând-o cu ambele mâini.

Il lâcha Buck et cria par-dessus le rugissement : « Vas-y, Buck ! Vas-y ! »

L-a lăsat pe Buck și a strigat peste vuiet: „Hai, Buck! Hai!"

**Buck n'a pas pu rester à flot et a été emporté par le courant.**

Buck nu a mai putut să se mențină la suprafață și a fost luat în jos de curent.

**Il s'est battu avec acharnement, s'efforçant de se retourner, mais n'a fait aucun progrès.**

S-a luptat din greu, chinuindu-se să se întoarcă, dar nu a făcut niciun progres.

**Puis il entendit Thornton répéter l'ordre par-dessus le rugissement de la rivière.**

Apoi l-a auzit pe Thornton repetând comanda peste vuietul râului.

**Buck sortit de l'eau et leva la tête comme pour un dernier regard.**

Buck ieși din apă și își ridică capul ca și cum ar fi vrut să arunce o ultimă privire.

**puis il se retourna et obéit, nageant vers la rive avec résolution.**

apoi s-a întors și s-a supus, înotând spre mal cu hotărâre.

**Pete et Hans l'ont tiré à terre au dernier moment possible.**

Pete și Hans l-au tras la mal în ultimul moment posibil.

**Ils savaient que Thornton ne pourrait s'accrocher au rocher que quelques minutes de plus.**

Știau că Thornton se mai putea agăța de stâncă doar câteva minute în plus.

**Ils coururent sur la berge jusqu'à un endroit bien au-dessus de l'endroit où il était suspendu.**

Au alergat pe mal până într-un loc mult deasupra locului unde atârna el.

**Ils ont soigneusement attaché la ligne du bateau au cou et aux épaules de Buck.**

Au legat cu grijă parâma bărcii de gâtul și umerii lui Buck.

**La corde était serrée mais suffisamment lâche pour permettre la respiration et le mouvement.**

Frânghia era strânsă, dar suficient de slăbită pentru a putea respira și a te mișca.

**Puis ils le jetèrent à nouveau dans la rivière tumultueuse et mortelle.**

Apoi l-au aruncat din nou în râul repetat și mortal.

**Buck nageait avec audace mais manquait son angle face à la force du courant.**

Buck a înotat cu îndrăzneală, dar a ratat unghiul și a nimerit-o în forța curentului.

**Il a vu trop tard qu'il allait dépasser Thornton.**

A văzut prea târziu că avea să treacă pe lângă Thornton.

**Hans tira fort sur la corde, comme si Buck était un bateau en train de chavirer.**

Hans a smucit și mai tare frânghia, ca și cum Buck ar fi fost o barcă care se răstoarnă.

**Le courant l'a entraîné vers le fond et il a disparu sous la surface.**

Curentul l-a tras sub apă, iar el a dispărut sub suprafață.

**Son corps a heurté la berge avant que Hans et Pete ne le sortent.**

Corpul său a lovit malul înainte ca Hans și Pete să-l scoată afară.

**Il était à moitié noyé et ils l'ont chassé de l'eau.**

Era pe jumătate înecat, iar l-au scos cu mâna până a scos apa din el.

**Buck se leva, tituba et s'effondra à nouveau sur le sol.**

Buck se ridică, se clătină și se prăbuși din nou la pământ.

**Puis ils entendirent la voix de Thornton faiblement portée par le vent.**

Apoi au auzit vocea lui Thornton, purtată slab de vânt.

**Même si les mots n'étaient pas clairs, ils savaient qu'il était proche de la mort.**

Deși cuvintele erau neclare, știau că era aproape de moarte.

**Le son de la voix de Thornton frappa Buck comme une décharge électrique.**

Sunetul vocii lui Thornton l-a lovit pe Buck ca o șoc electric.

**Il sauta et courut sur la berge, retournant au point de lancement.**

A sărit în sus și a alergat pe mal, întorcându-se la punctul de lansare.

**Ils attachèrent à nouveau la corde à Buck, et il entra à nouveau dans le ruisseau.**

Din nou au legat frânghia de Buck și din nou a intrat în pârâu.

**Cette fois, il nagea directement et fermement dans l'eau tumultueuse.**

De data aceasta, a înotat direct și ferm în apa care se revărsa.

**Hans laissa sortir la corde régulièrement tandis que Pete l'empêchait de s'emmêler.**

Hans a eliberat frânghia încet, în timp ce Pete o împiedica să se încurce.

**Buck a nagé avec acharnement jusqu'à ce qu'il soit aligné juste au-dessus de Thornton.**

Buck a înotat cu greu până a ajuns chiar deasupra lui Thornton.

**Puis il s'est retourné et a foncé comme un train à toute vitesse.**

Apoi s-a întors și a năvălit ca un tren în viteză maximă.

**Thornton le vit arriver, se redressa et entoura son cou de ses bras.**

Thornton l-a văzut venind, s-a pregătit și l-a cuprins cu brațele.

**Hans a attaché la corde fermement autour d'un arbre alors qu'ils étaient tous les deux entraînés sous l'eau.**

Hans a legat strâns frânghia în jurul unui copac în timp ce amândoi erau trași sub apă.

**Ils ont dégringolé sous l'eau, s'écrasant contre des rochers et des débris de la rivière.**

S-au rostogolit sub apă, izbindu-se de pietre și resturi de râu.

**Un instant, Buck était au sommet, l'instant d'après, Thornton se levait en haletant.**

Într-o clipă Buck era deasupra, în următoarea Thornton se ridica gâfâind.

**Battus et étouffés, ils se dirigèrent vers la rive et la sécurité.**

Bătuți și sufocați, au virat spre mal și în siguranță.

**Thornton a repris connaissance, allongé sur un tronc d'arbre.**

Thornton și-a recăpătat cunoștința, întins pe un buștean plutitor.

**Hans et Pete ont travaillé dur pour lui redonner souffle et vie.**

Hans și Pete l-au muncit din greu ca să-i redea suflul și viața.

**Sa première pensée fut pour Buck, qui gisait immobile et mou.**

Primul său gând a fost pentru Buck, care zăcea nemișcat și inert.

**Nig hurla sur le corps de Buck et Skeet lui lécha doucement le visage.**

Nig a urlat peste corpul lui Buck, iar Skeet i-a lins ușor fața.

**Thornton, endolori et meurtri, examina Buck avec des mains prudentes.**

Thornton, învinețit și rănit, îl examină pe Buck cu mâini atente.

**Il a trouvé trois côtes cassées, mais aucune blessure mortelle chez le chien.**

A găsit trei coaste rupte, dar nicio rană mortală la câine.

**« C'est réglé », dit Thornton. « On campe ici. » Et c'est ce qu'ils firent.**

„Asta e rezolvat", a spus Thornton. „Noi campăm aici." Și așa au făcut.

**Ils sont restés jusqu'à ce que les côtes de Buck soient guéries et qu'il puisse à nouveau marcher.**

Au rămas până când lui Buck i s-au vindecat coastele și a putut merge din nou.


**Cet hiver-là, Buck accomplit un exploit qui augmenta encore sa renommée.**

În iarna aceea, Buck a realizat o ispravă care i-a sporit și mai mult faima.

**C'était moins héroïque que de sauver Thornton, mais tout aussi impressionnant.**

A fost mai puțin eroic decât salvarea lui Thornton, dar la fel de impresionant.

**À Dawson, les partenaires avaient besoin de provisions pour un long voyage.**

La Dawson, partenerii aveau nevoie de provizii pentru o călătorie îndepărtată.

**Ils voulaient voyager vers l'Est, dans des terres sauvages et intactes.**

Ei voiau să călătorească spre Est, în ținuturi sălbatice neatinse.

**L'acte de Buck dans l'Eldorado Saloon a rendu ce voyage possible.**

Fapta lui Buck în Saloonul Eldorado a făcut posibilă acea călătorie.

**Tout a commencé avec des hommes qui se vantaient de leurs chiens en buvant un verre.**

A început cu bărbați care se lăudau cu câinii lor în timp ce beau băuturi.

**La renommée de Buck a fait de lui la cible de défis et de doutes.**

Faima lui Buck l-a transformat în ținta provocărilor și a îndoielilor.

**Thornton, fier et calme, resta ferme dans la défense du nom de Buck.**

Thornton, mândru și calm, a rămas neclintit în apărarea numelui lui Buck.

**Un homme a déclaré que son chien pouvait facilement tirer deux cents kilos.**

Un bărbat a spus că câinele său putea trage cu ușurință cinci sute de kilograme.

**Un autre a dit six cents, et un troisième s'est vanté d'en avoir sept cents.**

Altul a zis șase sute, iar al treilea s-a lăudat cu șapte sute.

**« Pfft ! » dit John Thornton, « Buck peut tirer un traîneau de mille livres. »**

„Pfft!" a spus John Thornton, „Buck poate trage o sanie de o mie de livre."

**Matthewson, un roi de Bonanza, s'est penché en avant et l'a défié.**

Matthewson, un Rege Bonanza, s-a aplecat în față și l-a provocat.

**« Tu penses qu'il peut mettre autant de poids en mouvement ? »**

„Crezi că poate pune atâta greutate în mișcare?"

**« Et tu penses qu'il peut tirer le poids sur une centaine de mètres ? »**

„Și crezi că poate trage greutatea o sută de metri?"

**Thornton répondit froidement : « Oui. Buck est assez doué pour le faire. »**

Thornton a răspuns rece: „Da. Buck e destul de isteț ca să facă asta."

**« Il mettra mille livres en mouvement et le tirera sur une centaine de mètres. »**

„Va pune în mișcare o mie de livre și o va trage o sută de metri."

**Matthewson sourit lentement et s'assura que tous les hommes entendaient ses paroles.**

Matthewson zâmbi încet și se asigură că toți bărbații îi auzeau cuvintele.

**« J'ai mille dollars qui disent qu'il ne peut pas. Le voilà. »**

„Am o mie de dolari care spun că nu poate. Uite-i."

**Il a claqué un sac de poussière d'or de la taille d'une saucisse sur le bar.**

A trântit pe bar un sac cu praf de aur de mărimea unui cârnat.

**Personne ne dit un mot. Le silence devint pesant et tendu autour d'eux.**

Nimeni nu a scos un cuvânt. Tăcerea a devenit grea și tensionată în jurul lor.

**Le bluff de Thornton – s'il en était un – avait été pris au sérieux.**

Bluful lui Thornton — dacă era unul — fusese luat în serios.

**Il sentit la chaleur monter sur son visage tandis que le sang affluait sur ses joues.**

A simţit căldura cum îi creşte în faţă, în timp ce sângele i se năpustea în obraji.

**Sa langue avait pris le pas sur sa raison à ce moment-là.**

Limba lui îi depăşise raţiunea în acel moment.

**Il ne savait vraiment pas si Buck pouvait déplacer mille livres.**

Chiar nu ştia dacă Buck putea muta o mie de livre.

**Une demi-tonne ! Rien que sa taille lui pesait le cœur.**

O jumătate de tonă! Numai dimensiunea ei îi făcea să simtă inima grea.

**Il avait foi en la force de Buck et le pensait capable.**

Avea încredere în puterea lui Buck şi îl crezuse capabil.

**Mais il n'avait jamais été confronté à ce genre de défi, pas comme celui-ci.**

Dar nu se mai confruntase niciodată cu o astfel de provocare, nu în felul acesta.

**Une douzaine d'hommes l'observaient tranquillement, attendant de voir ce qu'il allait faire.**

O duzină de bărbaţi îl priveau în linişte, aşteptând să vadă ce va face.

**Il n'avait pas d'argent, ni Hans ni Pete.**

Nu avea banii — nici Hans, nici Pete.

**« J'ai un traîneau dehors », dit Matthewson froidement et directement.**

— Am o sanie afară, spuse Matthewson rece şi direct.

**« Il est chargé de vingt sacs de cinquante livres chacun, tous de farine.**

„E încărcat cu douăzeci de saci, câte cincizeci de livre fiecare, numai făină."

**« Alors ne laissez pas un traîneau manquant devenir votre excuse maintenant », a-t-il ajouté.**

„Aşa că nu lăsaţi ca o sanie pierdută să fie scuza voastră acum", a adăugat el.

**Thornton resta silencieux. Il ne savait pas quels mots lui dire.**

Thornton a rămas tăcut. Nu ştia ce cuvinte să spună.

**Il regarda les visages autour de lui sans les voir clairement.**

S-a uitat în jur la fețe fără să le vadă clar.

**Il ressemblait à un homme figé dans ses pensées, essayant de redémarrer.**

Arăta ca un om încremenit în gânduri, încercând să o ia din nou la fugă.

**Puis il a vu Jim O'Brien, un ami de l'époque Mastodon.**

Apoi l-a văzut pe Jim O'Brien, un prieten din zilele Mastodontului.

**Ce visage familier lui a donné un courage qu'il ne savait pas avoir.**

Chipul acela familiar i-a dat un curaj pe care nici nu știa că îl are.

**Il se tourna et demanda à voix basse : « Peux-tu me prêter mille ? »**

S-a întors și a întrebat în șoaptă: „Îmi poți împrumuta o mie?"

**« Bien sûr », dit O'Brien, laissant déjà tomber un lourd sac près de l'or.**

— Sigur, spuse O'Brien, lăsând deja un sac greu lângă aur.

**« Mais honnêtement, John, je ne crois pas que la bête puisse faire ça. »**

„Dar, sincer să fiu, John, nu cred că fiara poate face așa ceva."

**Tout le monde dans le Saloon Eldorado s'est précipité dehors pour voir l'événement.**

Toți cei din Saloonul Eldorado s-au grăbit afară să vadă evenimentul.

**Ils ont laissé les tables et les boissons, et même les jeux ont été interrompus.**

Au lăsat mese și băuturi, ba chiar și jocurile au fost puse pe pauză.

**Les croupiers et les joueurs sont venus assister à la fin de ce pari audacieux.**

Dealerii și jucătorii au venit să asiste la sfârșitul pariului îndrăzneț.

**Des centaines de personnes se sont rassemblées autour du traîneau dans la rue glacée.**

Sute de oameni s-au adunat în jurul saniei pe strada deschisă și înghețată.

**Le traîneau de Matthewson était chargé d'une charge complète de sacs de farine.**
Sania lui Matthewson stătea cu o încărcătură completă de saci de făină.

**Le traîneau était resté immobile pendant des heures à des températures négatives.**
Sania stătuse ore în șir la temperaturi sub zero grade.

**Les patins du traîneau étaient gelés et collés à la neige tassée.**
Slide-urile saniei erau înghețate strâns de zăpada tasată.

**Les hommes ont offert une cote de deux contre un que Buck ne pourrait pas déplacer le traîneau.**
Bărbații ofereau șanse de două la unu ca Buck să nu poată mișca sania.

**Une dispute a éclaté sur ce que signifiait réellement « sortir ».**
A izbucnit o dispută despre ce însemna de fapt „erupție".

**O'Brien a déclaré que Thornton devrait desserrer la base gelée du traîneau.**
O'Brien a spus că Thornton ar trebui să slăbească baza înghețată a saniei.

**Buck pourrait alors « sortir » d'un départ solide et immobile.**
Buck putea apoi „să se desprindă" dintr-un început solid, nemișcat.

**Matthewson a soutenu que le chien devait également libérer les coureurs.**
Matthewson a susținut că și câinele trebuie să-i elibereze pe alergători.

**Les hommes qui avaient entendu le pari étaient d'accord avec le point de vue de Matthewson.**
Bărbații care auziseră pariul au fost de acord cu punctul de vedere al lui Matthewson.

**Avec cette décision, les chances sont passées à trois contre un contre Buck.**
Odată cu această hotărâre, șansele au crescut la trei la unu împotriva lui Buck.

**Personne ne s'est manifesté pour prendre en compte les chances croissantes de trois contre un.**

Nimeni nu a făcut un pas înainte pentru a accepta cotele crescânde de trei la unu.

**Pas un seul homme ne croyait que Buck pouvait accomplir un tel exploit.**

Niciun om nu credea că Buck poate realiza marea ispravă.

**Thornton s'était précipité dans le pari, lourd de doutes.**

Thornton fusese implicat în pariu în grabă, copleșit de îndoieli.

**Il regarda alors le traîneau et l'attelage de dix chiens à côté.**

Acum se uita la sanie și la perechea de zece câini de lângă ea.

**En voyant la réalité de la tâche, elle semblait encore plus impossible.**

Văzând realitatea sarcinii, aceasta părea și mai imposibilă.

**Matthewson était plein de fierté et de confiance à ce moment-là.**

Matthewson era plin de mândrie și încredere în acel moment.

**« Trois contre un ! » cria-t-il. « Je parie mille de plus, Thornton !**

„Trei la unu!", a strigat el. „Pun pariu pe încă o mie, Thornton!"

**« Que dites-vous ? » ajouta-t-il, assez fort pour que tout le monde l'entende.**

„Ce spui?", a adăugat el, suficient de tare ca să audă toată lumea.

**Le visage de Thornton exprimait ses doutes, mais son esprit s'était élevé.**

Fața lui Thornton îi citea îndoielile, dar moralul îi crescuse.

**Cet esprit combatif ignorait les probabilités et ne craignait rien du tout.**

Acel spirit de luptă ignora adversitățile și nu se temea de nimic.

**Il a appelé Hans et Pete pour apporter tout leur argent sur la table.**

I-a chemat pe Hans și Pete să le aducă toți banii la masă.

**Il ne leur restait plus grand-chose : seulement deux cents dollars au total.**

Le-a mai rămas puțin – doar două sute de dolari la un loc.

**Cette petite somme représentait toute leur fortune pendant les temps difficiles.**

Această mică sumă a fost averea lor totală în vremuri grele.

**Pourtant, ils ont misé toute leur fortune contre le pari de Matthewson.**

Totuși, au pus toată averea la pariul lui Matthewson.

**L'attelage de dix chiens a été dételé et éloigné du traîneau.**

Perechea de zece câini a fost dehamată și s-a îndepărtat de sanie.

**Buck a été placé dans les rênes, portant son harnais familier.**

Buck a fost așezat în frâie, purtând hamul său familiar.

**Il avait capté l'énergie de la foule et ressenti la tension.**

Prinsese energia mulțimii și simțise tensiunea.

**D'une manière ou d'une autre, il savait qu'il devait faire quelque chose pour John Thornton.**

Cumva, știa că trebuie să facă ceva pentru John Thornton.

**Les gens murmuraient avec admiration devant la fière silhouette du chien.**

Oamenii murmurau cu admirație la vederea siluetei mândre a câinelui.

**Il était mince et fort, sans une seule once de chair supplémentaire.**

Era suplu și puternic, fără niciun gram de carne în plus.

**Son poids total de cent cinquante livres n'était que puissance et endurance.**

Greutatea sa totală de o sută cincizeci de kilograme era numai putere și rezistență.

**Le pelage de Buck brillait comme de la soie, épais de santé et de force.**

Haina lui Buck strălucea ca mătasea, bogată în sănătate și putere.

**La fourrure le long de son cou et de ses épaules semblait se soulever et se hérisser.**

Blana de pe gâtul și umerii lui părea să se ridice și să se
zbârlească.

**Sa crinière bougeait légèrement, chaque cheveu vivant de sa
grande énergie.**

Coama i se mișca ușor, fiecare fir de păr vibrând de energia lui
imensă.

**Sa large poitrine et ses jambes fortes correspondaient à sa
silhouette lourde et robuste.**

Pieptul său lat și picioarele puternice se potriveau cu silueta sa
grea și rezistentă.

**Des muscles ondulaient sous son manteau, tendus et fermes
comme du fer lié.**

Mușchii i se unduiau sub haină, încordați și fermi ca fierul
legat.

**Les hommes le touchaient et juraient qu'il était bâti comme
une machine en acier.**

Bărbații l-au atins și au jurat că era construit ca o mașină de
oțel.

**Les chances ont légèrement baissé à deux contre un contre le
grand chien.**

Cotele au scăzut ușor la două la unu împotriva marelui câine.

**Un homme des bancs de Skookum s'avança en bégayant.**

Un bărbat de pe Băncile Skookum se împinse înainte,
bâlbâindu-se.

**« Bien, monsieur ! J'offre huit cents pour lui – avant
l'examen, monsieur ! »**

„Bine, domnule! Ofer opt sute pentru el... înainte de test,
domnule!"

**« Huit cents, tel qu'il est en ce moment ! » insista l'homme.**

„Opt sute, așa cum stă el acum!", a insistat bărbatul.

**Thornton s'avança, sourit et secoua calmement la tête.**

Thornton a făcut un pas înainte, a zâmbit și a clătinat calm din
cap.

**Matthewson est rapidement intervenu avec une voix
d'avertissement et un froncement de sourcils.**

Matthewson a intervenit rapid cu o voce de avertizare și
încruntându-se.

« Éloignez-vous de lui », dit-il. « Laissez-lui de l'espace. »

„Trebuie să te îndepărtezi de el", a spus el. „Dă-i spațiu."

**La foule se tut ; seuls les joueurs continuaient à miser deux contre un.**

Mulțimea a tăcut; doar jucătorii mai ofereau doi la unu.

**Tout le monde admirait la carrure de Buck, mais la charge semblait trop lourde.**

Toată lumea admira constituția lui Buck, dar încărcătura părea prea mare.

**Vingt sacs de farine, pesant chacun cinquante livres, semblaient beaucoup trop.**

Douăzeci de saci de făină – fiecare cântărind cincisprezece kilograme – păreau mult prea mult.

**Personne n'était prêt à ouvrir sa bourse et à risquer son argent.**

Nimeni nu era dispus să-și deschidă punga și să-și riște banii.

**Thornton s'agenouilla à côté de Buck et prit sa tête à deux mains.**

Thornton a îngenuncheat lângă Buck și i-a luat capul în ambele mâini.

**Il pressa sa joue contre celle de Buck et lui parla à l'oreille.**

Și-a lipit obrazul de al lui Buck și i-a vorbit la ureche.

**Il n'y avait plus de secousses enjouées ni d'insultes affectueuses murmurées.**

Acum nu se mai auzea nicio scuturare jucăușă sau orice insultă iubitoare șoptită.

**Il murmura simplement doucement : « Autant que tu m'aimes, Buck. »**

El a murmurat doar încet: „Oricât de mult mă iubești, Buck."

**Buck émit un gémissement silencieux, son impatience à peine contenue.**

Buck a scos un geamăt înăbușit, nerăbdarea sa abia stăpânită.

**Les spectateurs observaient avec curiosité la tension qui emplissait l'air.**

Privitorii au privit cu curiozitate cum tensiunea umplea aerul.

**Le moment semblait presque irréel, comme quelque chose qui dépassait la raison.**

Momentul părea aproape ireal, ca ceva dincolo de rațiune.

**Lorsque Thornton se leva, Buck prit doucement sa main dans ses mâchoires.**

Când Thornton se ridică în picioare, Buck îi luă ușor mâna în fălci.

**Il appuya avec ses dents, puis relâcha lentement et doucement.**

A apăsat cu dinții, apoi a eliberat încet și ușor.

**C'était une réponse silencieuse d'amour, non prononcée, mais comprise.**

A fost un răspuns tăcut al iubirii, nu rostit, ci înțeles.

**Thornton s'éloigna du chien et donna le signal.**

Thornton se îndepărtă mult de câine și dădu semnalul.

**« Maintenant, Buck », dit-il, et Buck répondit avec un calme concentré.**

„Acum, Buck", a spus el, iar Buck a răspuns cu un calm concentrat.

**Buck a resserré les traces, puis les a desserrées de quelques centimètres.**

Buck a strâns șinele, apoi le-a slăbit cu câțiva centimetri.

**C'était la méthode qu'il avait apprise ; sa façon de briser le traîneau.**

Aceasta era metoda pe care o învățase; felul lui de a sparge sania.

**« Tiens ! » cria Thornton, sa voix aiguë dans le silence pesant.**

„Uau!" a strigat Thornton, cu vocea ascuțită în tăcerea apăsătoare.

**Buck se tourna vers la droite et se jeta de tout son poids.**

Buck s-a întors spre dreapta și s-a aruncat cu toată greutatea.

**Le mou disparut et toute la masse de Buck heurta les lignes serrées.**

Slaba a dispărut, iar întreaga masă a lui Buck a lovit șinele înguste.

**Le traîneau tremblait et les patins émettaient un bruit de crépitement.**

Sania tremura, iar patinele scoteau un sunet ascuțit de trosnet.

« Haw ! » ordonna Thornton, changeant à nouveau la direction de Buck.

„Ha!" a comandat Thornton, schimbându-i din nou direcția lui Buck.

**Buck répéta le mouvement, cette fois en tirant brusquement vers la gauche.**

Buck repetă mișcarea, de data aceasta trăgând brusc spre stânga.

**Le traîneau craquait plus fort, les patins claquaient et se déplaçaient.**

Sania trosni mai tare, glisierele pocnind și mișcându-se.

**La lourde charge glissait légèrement latéralement sur la neige gelée.**

Încărcătura grea a alunecat ușor în lateral pe zăpada înghețată.

**Le traîneau s'était libéré de l'emprise du sentier glacé !**

Sania se eliberase din strânsoarea potecii înghețate!

**Les hommes retenaient leur souffle, ignorant qu'ils ne respiraient même pas.**

Bărbații și-au ținut respirația, fără să-și dea seama că nici măcar nu respirau.

« Maintenant, TIREZ ! » cria Thornton à travers le silence glacial.

„Acum, TRAGE!" a strigat Thornton prin tăcerea înghețată.

**L'ordre de Thornton résonna fort, comme le claquement d'un fouet.**

Comanda lui Thornton a răsunat ascuțit, ca pocnetul unui bici.

**Buck se jeta en avant avec un mouvement violent et saccadé.**

Buck s-a aruncat înainte cu o lovitură feroce și zdruncinată.

**Tout son corps se tendit et se contracta sous l'énorme tension.**

Întregul său corp s-a încordat și s-a contractat pentru efortul imens.

**Des muscles ondulaient sous sa fourrure comme des serpents prenant vie.**

Mușchii i se unduiau sub blană ca niște șerpi care prindeau viață.

Sa large poitrine était basse, la tête tendue vers l'avant en direction du traîneau.

Pieptul său lat era jos, cu capul întins înainte, spre sanie.

Ses pattes bougeaient comme l'éclair, ses griffes tranchant le sol gelé.

Labele lui se mișcau ca fulgerul, ghearele sfâșiind pământul înghețat.

Des rainures ont été creusées profondément alors qu'il luttait pour chaque centimètre de traction.

Șanțurile erau adânci în timp ce se lupta pentru fiecare centimetru de aderență.

Le traîneau se balança, trembla et commença un mouvement lent et agité.

Sania se legăna, tremura și începu o mișcare lentă și neliniștită.

Un pied a glissé et un homme dans la foule a gémi à haute voix.

Un picior a alunecat, iar un bărbat din mulțime a gemut tare.

Puis le traîneau s'élança en avant dans un mouvement saccadé et brusque.

Apoi sania s-a năpustit înainte cu o mișcare bruscă și smucită.

Cela ne s'est pas arrêté à nouveau - un demi-pouce... un pouce... deux pouces de plus.

Nu s-a mai oprit — încă un centimetru... un centimetru... cinci centimetri.

Les secousses devinrent plus faibles à mesure que le traîneau commençait à prendre de la vitesse.

Smuciturile s-au micșorat pe măsură ce sania a început să prindă viteză.

Bientôt, Buck tirait avec une puissance douce et régulière.

Curând, Buck trăgea cu o putere lină, uniformă și de rostogolire.

Les hommes haletèrent et finirent par se rappeler de respirer à nouveau.

Bărbații au gâfâit și, în sfârșit, și-au amintit să respire din nou.

Ils n'avaient pas remarqué que leur souffle s'était arrêté de stupeur.

Nu observaseră că li se oprise respirația de uimire.

**Thornton courait derrière, lançant des ordres courts et joyeux.**

Thornton alerga în spate, strigând comenzi scurte și vesele.

**Devant nous se trouvait une pile de bois de chauffage qui marquait la distance.**

În față se afla o grămadă de lemne de foc care marca distanța.

**Alors que Buck s'approchait du tas, les acclamations devenaient de plus en plus fortes.**

Pe măsură ce Buck se apropia de grămadă, uralele deveneau din ce în ce mai puternice.

**Les acclamations se sont transformées en rugissement lorsque Buck a dépassé le point d'arrivée.**

Uralele s-au transformat într-un vuiet când Buck a trecut de punctul final.

**Les hommes ont sauté et crié, même Matthewson a esquissé un sourire.**

Bărbații au sărit și au țipat, chiar și Matthewson a izbucnit într-un rânjet.

**Les chapeaux volaient dans les airs, les mitaines étaient lancées sans réfléchir ni viser.**

Pălăriile zburau în aer, mănușile erau aruncate fără gânduri sau țintiri.

**Les hommes se sont attrapés et se sont serré la main sans savoir à qui.**

Bărbații se apucau unii de alții și își dădeau mâna fără să știe cine.

**Toute la foule bourdonnait d'une célébration folle et joyeuse.**

Toată mulțimea zumzăia într-o sărbătoare sălbatică și veselă.

**Thornton tomba à genoux à côté de Buck, les mains tremblantes.**

Thornton a căzut în genunchi lângă Buck, cu mâinile tremurânde.

**Il pressa sa tête contre celle de Buck et le secoua doucement d'avant en arrière.**

Și-a lipit capul de al lui Buck și l-a clătinat ușor înainte și înapoi.

Ceux qui s'approchaient l'entendaient maudire le chien avec un amour silencieux.

Cei care s-au apropiat l-au auzit blestemând câinele cu o dragoste tăcută.

Il a insulté Buck pendant un long moment, doucement, chaleureusement, avec émotion.

L-a înjurat pe Buck mult timp – încet, călduros, cu emoție.

« Bien, monsieur ! Bien, monsieur ! » s'écria précipitamment le roi du Banc Skookum.

„Bine, domnule! Bine, domnule!", a strigat în grabă regele Băncii Skookum.

« Je vous donne mille, non, douze cents, pour ce chien, monsieur ! »

„Îți dau o mie — nu, o mie două sute — pentru câinele ăla, domnule!"

Thornton se leva lentement, les yeux brillants d'émotion.

Thornton se ridică încet în picioare, cu ochii strălucind de emoție.

Les larmes coulaient ouvertement sur ses joues sans aucune honte.

Lacrimile i se prelingeau șiroaie pe obraji, fără nicio rușine.

« Monsieur », dit-il au roi du banc Skookum, ferme et posé.

„Domnule", i-a spus el regelui Băncii Skookum, calm și ferm

« Non, monsieur. Allez au diable, monsieur. C'est ma réponse définitive. »

„Nu, domnule. Puteți merge dracului, domnule. Acesta este răspunsul meu final."

Buck attrapa doucement la main de Thornton dans ses mâchoires puissantes.

Buck apucă ușor mâna lui Thornton în fălcile sale puternice.

Thornton le secoua de manière enjouée, leur lien étant plus profond que jamais.

Thornton îl scutură în joacă, legătura lor fiind ca întotdeauna profundă.

La foule, émue par l'instant, recula en silence.

Mulțimea, mișcată de moment, s-a retras în tăcere.

**Dès lors, personne n'osa interrompre cette affection si sacrée.**

De atunci încolo, nimeni nu a mai îndrăznit să întrerupă o astfel de afecțiune sacră.

# Le son de l'appel
Sunetul apelului

**Buck avait gagné seize cents dollars en cinq minutes.**
Buck câştigase o mie şase sute de dolari în cinci minute.
**Cet argent a permis à John Thornton de payer une partie de ses dettes.**
Banii i-au permis lui John Thornton să-şi achite o parte din datorii.
**Avec le reste de l'argent, il se dirigea vers l'Est avec ses partenaires.**
Cu restul banilor, s-a îndreptat spre est împreună cu partenerii săi.
**Ils cherchaient une mine perdue légendaire, aussi vieille que le pays lui-même.**
Au căutat o mină pierdută despre care se spunea, la fel de veche ca ţara însăşi.
**Beaucoup d'hommes avaient cherché la mine, mais peu l'avaient trouvée.**
Mulţi bărbaţi căutaseră mina, dar puţini o găsiseră vreodată.
**Plus d'un homme avait disparu au cours de cette quête dangereuse.**
Mai mult de câţiva bărbaţi dispăruseră în timpul periculoasei căutări.
**Cette mine perdue était enveloppée à la fois de mystère et d'une vieille tragédie.**
Această mină pierdută era învăluită atât în mister, cât şi în tragedie veche.
**Personne ne savait qui avait été le premier homme à découvrir la mine.**
Nimeni nu ştia cine fusese primul om care găsise mina.
**Les histoires les plus anciennes ne mentionnent personne par son nom.**
Cele mai vechi poveşti nu menţionează pe nimeni pe nume.
**Il y avait toujours eu là une vieille cabane délabrée.**
Întotdeauna fusese acolo o cabană veche şi dărăpănată.

**Des hommes mourants avaient juré qu'il y avait une mine à côté de cette vieille cabane.**

Nişte muribunzi juraseră că lângă vechea cabană se afla o mină.

**Ils ont prouvé leurs histoires avec de l'or comme on n'en trouve nulle part ailleurs.**

Şi-au dovedit poveştile cu aur cum nu s-a găsit altundeva.

**Aucune âme vivante n'avait jamais pillé le trésor de cet endroit.**

Niciun suflet viu nu jefuise vreodată comoara din locul acela.

**Les morts étaient morts, et les morts ne racontent pas d'histoires.**

Morţii erau morţi, iar morţii nu spun poveşti.

**Thornton et ses amis se dirigèrent donc vers l'Est.**

Aşa că Thornton şi prietenii săi s-au îndreptat spre est.

**Pete et Hans se sont joints à eux, amenant Buck et six chiens forts.**

Pete şi Hans s-au alăturat, aducând Buck şi şase câini voinici.

**Ils se sont lancés sur un chemin inconnu là où d'autres avaient échoué.**

Au pornit pe un drum necunoscut, unde alţii eşuaseră.

**Ils ont parcouru soixante-dix milles en traîneau sur le fleuve Yukon gelé.**

Au mers cu sania şaptezeci de mile pe râul Yukon îngheţat.

**Ils tournèrent à gauche et suivirent le sentier jusqu'au Stewart.**

Au virat la stânga şi au urmat poteca spre Stewart.

**Ils passèrent le Mayo et le McQuestion, poursuivant leur route.**

Au trecut de străzile Mayo şi McQuestion, înaintând mai departe.

**Le Stewart s'est rétréci en un ruisseau, traversant des pics déchiquetés.**

Râul Stewart se micşora într-un pârâu, şerpuind vârfuri zimţate.

**Ces pics acérés marquaient l'épine dorsale même du continent.**

Aceste vârfuri ascuțite marcau însăși coloana vertebrală a continentului.

**John Thornton exigeait peu des hommes ou de la nature sauvage.**

John Thornton a cerut puțin de la oameni sau de la pământul sălbatic.

**Il ne craignait rien dans la nature et affrontait la nature sauvage avec aisance.**

Nu se temea de nimic în natură și înfrunta sălbăticia cu ușurință.

**Avec seulement du sel et un fusil, il pouvait voyager où il le souhaitait.**

Doar cu sare și o pușcă, putea călători oriunde dorea.

**Comme les indigènes, il chassait de la nourriture pendant ses voyages.**

La fel ca băștinașii, el vâna hrană în timp ce călătoria.

**S'il n'attrapait rien, il continuait, confiant en la chance qui l'attendait.**

Dacă nu prindea nimic, continua să meargă, având încredere în norocul care-i dădea înainte.

**Au cours de ce long voyage, la viande était la principale nourriture qu'ils mangeaient.**

În această lungă călătorie, carnea a fost principalul lucru pe care l-au mâncat.

**Le traîneau contenait des outils et des munitions, mais aucun horaire strict.**

Sania conținea unelte și muniție, dar niciun program strict.

**Buck adorait cette errance, la chasse et la pêche sans fin.**

Lui Buck îi plăcea această rătăcire; vânătoarea și pescuitul nesfârșite.

**Pendant des semaines, ils ont voyagé jour après jour.**

Timp de săptămâni întregi, au călătorit zi după zi.

**D'autres fois, ils établissaient des camps et restaient immobiles pendant des semaines.**

Alteori își făceau tabere și stăteau nemișcați săptămâni întregi.

**Les chiens se reposaient pendant que les hommes creusaient dans la terre gelée.**

Câinii s-au odihnit în timp ce bărbații săpau prin pământ înghețat.

**Ils chauffaient des poêles sur des feux et cherchaient de l'or caché.**

Au încălzit tigăi la foc și au căutat aur ascuns.

**Certains jours, ils souffraient de faim, et d'autres jours, ils faisaient des festins.**

În unele zile mureau de foame, iar în alte zile aveau ospățuri.

**Leurs repas dépendaient du gibier et de la chance de la chasse.**

Mâncarea lor depindea de vânat și de norocul vânătorii.

**Quand l'été arrivait, les hommes et les chiens chargeaient des charges sur leur dos.**

Când venea vara, bărbații și câinii își încărcau povara în spate.

**Ils ont fait du rafting sur des lacs bleus cachés dans des forêts de montagne.**

Au plutit peste lacuri albastre ascunse în pădurile de munte.

**Ils naviguaient sur des bateaux minces sur des rivières qu'aucun homme n'avait jamais cartographiées.**

Navigau cu bărci subțiri pe râuri pe care niciun om nu le cartografiase vreodată.

**Ces bateaux ont été construits à partir d'arbres sciés dans la nature.**

Acelea bărci au fost construite din copaci pe care i-au tăiat în sălbăticie.


**Les mois passèrent et ils sillonnèrent des terres sauvages et inconnues.**

Lunile au trecut, iar ei s-au strecurat prin ținuturi sălbatice și necunoscute.

**Il n'y avait pas d'hommes là-bas, mais de vieilles traces suggéraient qu'il y en avait eu.**

Nu erau bărbați acolo, totuși urme vechi sugerau că fuseseră și alți oameni.

**Si la Cabane Perdue était réelle, alors d'autres étaient déjà passés par là.**

Dacă Cabana Pierdută exista reală, atunci şi alţii veniseră odată pe aici.

**Ils traversaient des cols élevés dans des blizzards, même pendant l'été.**

Au traversat trecători înalte în timpul viscolului, chiar şi vara.

**Ils frissonnaient sous le soleil de minuit sur les pentes nues des montagnes.**

Tremurau sub soarele de la miezul nopţii, pe pantele goale ale munţilor.

**Entre la limite des arbres et les champs de neige, ils montaient lentement.**

Între linia copacilor şi câmpurile de zăpadă, au urcat încet.

**Dans les vallées chaudes, ils écrasaient des nuages de moucherons et de mouches.**

În văile calde, au lovit nori de ţânţari şi muşte.

**Ils cueillaient des baies sucrées près des glaciers en pleine floraison estivale.**

Au cules fructe de pădure dulci lângă gheţari în plină floare de vară.

**Les fleurs qu'ils ont trouvées étaient aussi belles que celles du Southland.**

Florile pe care le-au găsit erau la fel de frumoase ca cele din Southland.

**Cet automne-là, ils atteignirent une région solitaire remplie de lacs silencieux.**

În toamna aceea, au ajuns într-o regiune pustie, plină de lacuri tăcute.

**La terre était triste et vide, autrefois pleine d'oiseaux et de bêtes.**

Ţara era tristă şi goală, odinioară plină de păsări şi fiare.

**Il n'y avait plus de vie, seulement le vent et la glace qui se formait dans les flaques.**

Acum nu mai exista viaţă, doar vântul şi gheaţa care se formau în bălţi.

**Les vagues s'écrasaient sur les rivages déserts avec un son doux et lugubre.**

Valurile se loveau de țărmurile pustii cu un sunet blând și trist.

**Un autre hiver arriva et ils suivirent à nouveau de vieux sentiers lointains.**
A venit o altă iarnă, și au urmat din nou poteci vechi și vagi.
**C'étaient les traces d'hommes qui les avaient cherchés bien avant eux.**
Acestea erau urmele oamenilor care căutaseră cu mult înaintea lor.
**Un jour, ils trouvèrent un chemin creusé profondément dans la forêt sombre.**
Odată ce au găsit o cărare care se adâncea în pădurea întunecată.
**C'était un vieux sentier, et ils sentaient que la cabane perdue était proche.**
Era o potecă veche, iar ei simțeau că cabana pierdută era aproape.
**Mais le sentier ne menait nulle part et s'enfonçait dans les bois épais.**
Dar poteca nu ducea nicăieri și se pierdea în pădurea deasă.
**Personne ne savait qui avait fait ce sentier et pourquoi.**
Oricine ar fi făcut poteca și de ce a făcut-o, nimeni nu știa.
**Plus tard, ils ont trouvé l'épave d'un lodge caché parmi les arbres.**
Mai târziu, au găsit epava unei cabane ascunsă printre copaci.
**Des couvertures pourries gisaient éparpillées là où quelqu'un avait dormi.**
Pături putrede zăceau împrăștiate acolo unde dormise odată cineva.
**John Thornton a trouvé un fusil à silex à long canon enterré à l'intérieur.**
John Thornton a găsit o armă cu silex cu țeavă lungă îngropată înăuntru.
**Il savait qu'il s'agissait d'un fusil de la Baie d'Hudson depuis les premiers jours de son commerce.**

Știa că era o armă din Hudson Bay încă din primele zile de tranzacționare.

**À cette époque, ces armes étaient échangées contre des piles de peaux de castor.**

Pe vremea aceea, astfel de arme erau schimbate pe teancuri de piei de castor.

**C'était tout : il ne restait aucune trace de l'homme qui avait construit le lodge.**

Asta a fost tot — nu a mai rămas niciun indiciu despre omul care a construit cabana.


**Le printemps est revenu et ils n'ont trouvé aucun signe de la Cabane Perdue.**

Primăvara a venit din nou și n-au găsit nicio urmă a Cabanei Pierdute.

**Au lieu de cela, ils trouvèrent une large vallée avec un ruisseau peu profond.**

În schimb, au găsit o vale largă cu un pârâu puțin adânc.

**L'or recouvrait le fond des casseroles comme du beurre jaune et lisse.**

Aurul se întindea pe fundul tigăilor ca untul neted și galben.

**Ils s'arrêtèrent là et ne cherchèrent plus la cabane.**

S-au oprit acolo și n-au mai căutat cabana.

**Chaque jour, ils travaillaient et trouvaient des milliers de pièces d'or en poudre.**

În fiecare zi lucrau și găseau mii în praf de aur.

**Ils ont emballé l'or dans des sacs de peau d'élan, de cinquante livres chacun.**

Au împachetat aurul în saci de piele de elan, câte cincizeci de lire fiecare.

**Les sacs étaient empilés comme du bois de chauffage à l'extérieur de leur petite loge.**

Sacii erau stivuiți ca lemnele de foc în fața micii lor cabane.

**Ils travaillaient comme des géants et les jours passaient comme des rêves rapides.**

Munceau ca niște giganți, iar zilele treceau ca niște vise rapide.

**Ils ont amassé des trésors au fil des jours sans fin.**

Au adunat comori pe măsură ce zilele nesfârșite treceau cu repeziciune.

**Les chiens n'avaient pas grand-chose à faire, à part transporter de la viande de temps en temps.**

Câinii nu aveau prea multe de făcut în afară de a căra carne din când în când.

**Thornton chassait et tuait le gibier, et Buck restait allongé près du feu.**

Thornton a vânat și a ucis prada, iar Buck stătea lângă foc.

**Il a passé de longues heures en silence, perdu dans ses pensées et ses souvenirs.**

A petrecut ore întregi în tăcere, pierdut în gânduri și amintiri.

**L'image de l'homme poilu revenait de plus en plus souvent à l'esprit de Buck.**

Imaginea bărbatului păros îi venea mai des în minte lui Buck.

**Maintenant que le travail se faisait rare, Buck rêvait en clignant des yeux devant le feu.**

Acum că de lucru era rar, Buck visa în timp ce clipea la foc.

**Dans ces rêves, Buck errait avec l'homme dans un autre monde.**

În acele vise, Buck rătăcea cu bărbatul într-o altă lume.

**La peur semblait être le sentiment le plus fort dans ce monde lointain.**

Frica părea cel mai puternic sentiment în acea lume îndepărtată.

**Buck vit l'homme poilu dormir avec la tête baissée.**

Buck l-a văzut pe bărbatul păros dormind cu capul plecat.

**Ses mains étaient jointes et son sommeil était agité et interrompu.**

Avea mâinile împreunate, iar somnul îi era agitat și întrerupt.

**Il se réveillait en sursaut et regardait avec crainte dans le noir.**

Obișnuia să se trezească brusc și să se uite cu frică în întuneric.

**Ensuite, il jetait plus de bois sur le feu pour garder la flamme vive.**

Apoi arunca mai multe lemne în foc ca să mențină flacăra aprinsă.

**Parfois, ils marchaient le long d'une plage au bord d'une mer grise et infinie.**

Uneori mergeau de-a lungul unei plaje, lângă o mare cenușie și nesfârșită.

**L'homme poilu ramassait des coquillages et les mangeait en marchant.**

Bărbatul păros culegea crustacee și le mânca în timp ce mergea.

**Ses yeux cherchaient toujours des dangers cachés dans l'ombre.**

Ochii lui căutau mereu pericole ascunse în umbră.

**Ses jambes étaient toujours prêtes à sprinter au premier signe de menace.**

Picioarele lui erau mereu gata să sprinteze la primul semn de amenințare.

**Ils rampaient à travers la forêt, silencieux et méfiants, côte à côte.**

S-au strecurat prin pădure, tăcuți și precauți, unul lângă altul.

**Buck le suivit sur ses talons, et tous deux restèrent vigilants.**

Buck l-a urmat, iar amândoi au rămas atenți.

**Leurs oreilles frémissaient et bougeaient, leurs nez reniflaient l'air.**

Urechile li se zvâcneau și se mișcau, nasurile le adulmecau aerul.

**L'homme pouvait entendre et sentir la forêt aussi intensément que Buck.**

Bărbatul putea auzi și mirosi pădurea la fel de ascuțit ca Buck.

**L'homme poilu se balançait à travers les arbres avec une vitesse soudaine.**

Bărbatul păros se legăna printre copaci cu o viteză bruscă.

**Il sautait de branche en branche, sans jamais lâcher prise.**

A sărit din creangă în creangă, fără să-și piardă niciodată strânsoarea.

**Il se déplaçait aussi vite au-dessus du sol que sur celui-ci.**

Se mișca la fel de repede deasupra pământului pe cât se mișca pe el.

**Buck se souvenait des longues nuits passées sous les arbres, à veiller.**

Buck își amintea nopțile lungi petrecute sub copaci, stând de veghe.

**L'homme dormait perché dans les branches, s'accrochant fermement.**

Bărbatul dormea cocoțat în crengi, agățat strâns.

**Cette vision de l'homme poilu était étroitement liée à l'appel des profondeurs.**

Această viziune a bărbatului păros era strâns legată de chemarea profundă.

**L'appel résonnait toujours à travers la forêt avec une force obsédante.**

Chemarea încă răsuna prin pădure cu o forță tulburătoare.

**L'appel remplit Buck de désir et d'un sentiment de joie incessant.**

Apelul l-a umplut pe Buck de dor și de un sentiment neliniștit de bucurie.

**Il ressentait d'étranges pulsions et des frémissements qu'il ne pouvait nommer.**

Simțea impulsuri și impulsuri ciudate pe care nu le putea numi.

**Parfois, il suivait l'appel au plus profond des bois tranquilles.**

Uneori urma chemarea adânc în liniștea pădurii.

**Il cherchait l'appel, aboyant doucement ou fort au fur et à mesure.**

A căutat chemarea, lătrând încet sau ascuțit pe măsură ce mergea.

**Il renifla la mousse et la terre noire où poussaient les herbes.**

A adulmecat mușchiul și pământul negru unde creștea ierburile.

**Il renifla de plaisir aux riches odeurs de la terre profonde.**

A pufnit de încântare la vederea mirosurilor bogate ale adâncurilor pământului.

**Il s'est accroupi pendant des heures derrière des troncs couverts de champignons.**

A stat ghemuit ore în șir în spatele unor trunchiuri acoperite de ciuperci.

**Il resta immobile, écoutant les yeux écarquillés chaque petit bruit.**

A rămas nemișcat, ascultând cu ochii mari fiecare sunet minuscul.

**Il espérait peut-être surprendre la chose qui avait lancé l'appel.**

Poate că spera să surprindă creatura care dăduse apelul.

**Il ne savait pas pourquoi il agissait de cette façon, il le faisait simplement.**

Nu știa de ce se comporta așa – pur și simplu știa.

**Les pulsions venaient du plus profond de moi, au-delà de la pensée ou de la raison.**

Impulsurile veneau din adâncul sufletului, dincolo de gândire sau rațiune.

**Des envies irrésistibles s'emparèrent de Buck sans avertissement ni raison.**

Niște impulsuri irezistibile l-au cuprins pe Buck fără avertisment sau motiv.

**Parfois, il somnolait paresseusement dans le camp sous la chaleur de midi.**

Uneori moțăia leneș în tabără, sub căldura amiezii.

**Soudain, sa tête se releva et ses oreilles se dressèrent en alerte.**

Deodată, își ridică capul și urechile i se ridică în alertă.

**Puis il se leva d'un bond et se précipita dans la nature sans s'arrêter.**

Apoi a sărit în sus și a năvălit în sălbăticie fără oprire.

**Il a couru pendant des heures à travers les sentiers forestiers et les espaces ouverts.**

A alergat ore în șir prin cărări de pădure și spații deschise.

**Il aimait suivre les lits des ruisseaux asséchés et espionner les oiseaux dans les arbres.**

Îi plăcea să urmeze albiile secate ale pârâurilor și să spioneze păsările din copaci.

**Il pouvait rester caché toute la journée, à regarder les perdrix se pavaner.**

Putea sta ascuns toată ziua, privind potârnichile cum se plimbă țanțoș.

**Ils tambourinaient et marchaient, inconscients de la présence de Buck.**

Băteau tobe și mărșăluiau, fără să-și dea seama de prezența nemișcată a lui Buck.

**Mais ce qu'il aimait le plus, c'était courir au crépuscule en été.**

Dar ceea ce iubea cel mai mult era să alerge la amurg, vara.

**La faible lumière et les bruits endormis de la forêt le remplissaient de joie.**

Lumina slabă și sunetele somnoroase ale pădurii îl umpleau de bucurie.

**Il lisait les panneaux forestiers aussi clairement qu'un homme lit un livre.**

Citea indicatoarele pădurii la fel de clar cum citește un om o carte.

**Et il cherchait toujours la chose étrange qui l'appelait.**

Și a căutat mereu lucrul ciudat care îl chema.

**Cet appel ne s'est jamais arrêté : il l'atteignait qu'il soit éveillé ou endormi.**

Acea chemare nu se oprea niciodată – ajungea la el fie că era treaz, fie că dormea.

**Une nuit, il se réveilla en sursaut, les yeux perçants et les oreilles hautes.**

Într-o noapte, s-a trezit tresărind, cu ochii ageri și urechile ciulite.

**Ses narines se contractaient tandis que sa crinière se dressait en vagues.**

Nările i-au tresărit în timp ce coama i se zbârlea în valuri.

**Du plus profond de la forêt, le son résonna à nouveau, le vieil appel.**

Din adâncul pădurii s-a auzit din nou sunetul, vechea chemare.

Cette fois, le son résonnait clairement, un hurlement long, obsédant et familier.

De data aceasta, sunetul a răsunat clar, un urlet lung, tulburător, familiar.

C'était comme le cri d'un husky, mais d'un ton étrange et sauvage.

Era ca țipătul unui husky, dar ciudat și sălbatic ca ton.

Buck reconnut immédiatement le son – il avait entendu exactement le même son depuis longtemps.

Buck a recunoscut sunetul imediat – auzise exact sunetul cu mult timp în urmă.

Il sauta à travers le camp et disparut rapidement dans les bois.

A sărit prin tabără și a dispărut repede în pădure.

Alors qu'il s'approchait du bruit, il ralentit et se déplaça avec précaution.

Pe măsură ce se apropia de sunet, încetini și se mișcă cu grijă.

Bientôt, il atteignit une clairière entre d'épais pins.

Curând a ajuns într-o poiană printre pini deși.

Là, debout sur ses pattes arrière, était assis un loup des bois grand et maigre.

Acolo, drept pe vine, ședea un lup de pădure înalt și slab.

Le nez du loup pointait vers le ciel, résonnant toujours de l'appel.

Botul lupului era îndreptat spre cer, repetând în continuare chemarea.

Buck n'avait émis aucun son, mais le loup s'arrêta et écouta.

Buck nu scosese niciun sunet, totuși lupul se opri și ascultă.

Sentant quelque chose, le loup se tendit, scrutant l'obscurité.

Simțind ceva, lupul se încordă, scrutând întunericul.

Buck apparut en rampant, le corps bas, les pieds immobiles sur le sol.

Buck a apărut strecurat în câmpul vizual, cu corpul aplecat și picioarele liniștite pe pământ.

Sa queue était droite, son corps enroulé sous la tension.

Coada lui era dreaptă, iar corpul îi era încordat de tensiune.

Il a montré à la fois une menace et une sorte d'amitié brutale.

A arătat atât amenințare, cât și un fel de prietenie dură.

C'était le salut prudent partagé par les bêtes sauvages.

Era salutul prudent împărtășit de fiarele sălbatice.

Mais le loup se retourna et s'enfuit dès qu'il vit Buck.

Dar lupul s-a întors și a fugit imediat ce l-a văzut pe Buck.

Buck se lança à sa poursuite, sautant sauvagement, désireux de le rattraper.

Buck l-a urmărit, sărind nebunește, nerăbdător să-l ajungă din urmă.

Il suivit le loup dans un ruisseau asséché bloqué par un embâcle.

L-a urmat pe lup într-un pârâu secat, blocat de o înghesuială.

Acculé, le loup se retourna et tint bon.

Încolțit, lupul s-a întors și a rămas pe poziție.

Le loup grognait et claquait comme un chien husky pris au piège dans un combat.

Lupul a mârâit și a mușcat ca un câine husky prins într-o luptă.

Les dents du loup claquaient rapidement, son corps se hérissant d'une fureur sauvage.

Dinții lupului clănțăneau repede, iar corpul său era plin de furie sălbatică.

Buck n'attaqua pas mais encercla le loup avec une gentillesse prudente.

Buck nu a atacat, ci a înconjurat lupul cu o prietenie precaută.

Il a essayé de bloquer sa fuite par des mouvements lents et inoffensifs.

A încercat să-și blocheze evadarea prin mișcări lente și inofensive.

Le loup était méfiant et effrayé : Buck le dépassait trois fois.

Lupul era precaut și speriat — Buck îl depășea de trei ori.

La tête du loup atteignait à peine l'épaule massive de Buck.

Capul lupului abia ajungea până la umărul masiv al lui Buck.

À l'affût d'une brèche, le loup s'est enfui et la poursuite a repris.

Păzind o breşă, lupul a fugit şi goana a început din nou.

**Plusieurs fois, Buck l'a coincé et la danse s'est répétée.**

Buck l-a încolţit de câteva ori, iar dansul s-a repetat.

**Le loup était maigre et faible, sinon Buck n'aurait pas pu l'attraper.**

Lupul era slab şi slăbit, altfel Buck nu l-ar fi putut prinde.

**Chaque fois que Buck s'approchait, le loup se retournait et lui faisait face avec peur.**

De fiecare dată când Buck se apropia, lupul se întoarse şi îl înfrunta plin de frică.

**Puis, à la première occasion, il s'est précipité dans les bois une fois de plus.**

Apoi, la prima ocazie, a fugit din nou în pădure.

**Mais Buck n'a pas abandonné et finalement le loup a fini par lui faire confiance.**

Dar Buck nu a renunţat şi, în cele din urmă, lupul a ajuns să aibă încredere în el.

**Il renifla le nez de Buck, et les deux devinrent joueurs et alertes.**

A adulmecat nasul lui Buck, iar cei doi au devenit jucăuşi şi alerţi.

**Ils jouaient comme des animaux sauvages, féroces mais timides dans leur joie.**

Se jucau ca nişte animale sălbatice, feroce, dar timizi în bucuria lor.

**Au bout d'un moment, le loup s'éloigna au trot avec un calme déterminé.**

După o vreme, lupul a plecat la trap cu o hotărâre calmă.

**Il a clairement montré à Buck qu'il voulait être suivi.**

I-a arătat clar lui Buck că intenţiona să fie urmărit.

**Ils couraient côte à côte dans l'obscurité du crépuscule.**

Au alergat unul lângă altul prin bezna amurgului.

**Ils suivirent le lit du ruisseau jusqu'à la gorge rocheuse.**

Au urmat albia pârâului în sus, în defileul stâncos.

**Ils traversèrent une ligne de partage des eaux froide où le ruisseau avait pris sa source.**

Au traversat o despărţitură rece de unde începea pârâul.

**Sur la pente la plus éloignée, ils trouvèrent une vaste forêt et de nombreux ruisseaux.**

Pe panta îndepărtată au găsit o pădure întinsă și multe pâraie.

**À travers ce vaste territoire, ils ont couru pendant des heures sans s'arrêter.**

Prin acest ținut vast, au alergat ore în șir fără oprire.

**Le soleil se leva plus haut, l'air devint chaud, mais ils continuèrent à courir.**

Soarele s-a ridicat și mai sus, aerul s-a încălzit, dar ei au alergat mai departe.

**Buck était rempli de joie : il savait qu'il répondait à son appel.**

Buck era cuprins de bucurie – știa că răspundea chemării sale.

**Il courut à côté de son frère de la forêt, plus près de la source de l'appel.**

A alergat alături de fratele său din pădure, mai aproape de sursa chemării.

**De vieux sentiments sont revenus, puissants et difficiles à ignorer.**

Vechile sentimente au revenit, puternice și greu de ignorat.

**C'étaient les vérités derrière les souvenirs de ses rêves.**

Acestea erau adevărurile din spatele amintirilor din visele sale.

**Il avait déjà fait tout cela auparavant, dans un monde lointain et obscur.**

Mai făcuse toate acestea și înainte, într-o lume îndepărtată și întunecată.

**Il recommença alors, courant librement avec le ciel ouvert au-dessus.**

Acum a făcut asta din nou, alergând nebunește sub cerul liber deasupra.

**Ils s'arrêtèrent près d'un ruisseau pour boire l'eau froide qui coulait.**

S-au oprit la un pârâu să bea din apa rece care curgea.

**Alors qu'il buvait, Buck se souvint soudain de John Thornton.**

În timp ce bea, Buck și-a amintit brusc de John Thornton.

Il s'assit en silence, déchiré par l'attrait de la loyauté et de l'appel.

S-a așezat în tăcere, sfâșiat de atracția loialității și a chemării.

Le loup continua à trotter, mais revint pour pousser Buck à avancer.

Lupul a continuat să trapă, dar s-a întors să-l îndemne pe Buck înainte.

Il renifla son nez et essaya de le cajoler avec des gestes doux.

I-a adulmecat nasul și a încercat să-l îmbrățișeze cu gesturi blânde.

Mais Buck se retourna et reprit le chemin par lequel il était venu.

Dar Buck s-a întors și a pornit înapoi pe drumul pe care venise.

Le loup courut à côté de lui pendant un long moment, gémissant doucement.

Lupul a alergat lângă el mult timp, scâncind în șoaptă.

Puis il s'assit, leva le nez et poussa un long hurlement.

Apoi s-a așezat, și-a ridicat nasul și a scos un urlet prelung.

C'était un cri lugubre, qui s'adoucit à mesure que Buck s'éloignait.

A fost un strigăt trist, care s-a înmuiat pe măsură ce Buck se îndepărta.

Buck écouta le son du cri s'estomper lentement dans le silence de la forêt.

Buck ascultă cum sunetul strigătului se estompa încet în liniștea pădurii.

John Thornton était en train de dîner lorsque Buck a fait irruption dans le camp.

John Thornton mânca cina când Buck a năvălit în tabără.

Buck sauta sauvagement sur lui, le léchant, le mordant et le faisant culbuter.

Buck a sărit asupra lui sălbatic, lingându-l, mușcându-l și trântindu-l la pământ.

Il l'a renversé, s'est hissé dessus et l'a embrassé sur le visage.

L-a trântit, s-a cățărat deasupra și l-a sărutat pe față.

**Thornton appelait cela avec affection « jouer le fou du commun ».**

Thornton numea asta „a te juca pe prostul general" cu afecțiune.

**Pendant tout ce temps, il maudissait doucement Buck et le secouait d'avant en arrière.**

În tot acest timp, l-a înjurat ușor pe Buck și l-a scuturat înainte și înapoi.

**Pendant deux jours et deux nuits entières, Buck n'a pas quitté le camp une seule fois.**

Timp de două zile și două nopți întregi, Buck nu a părăsit tabăra nicio dată.

**Il est resté proche de Thornton et ne l'a jamais quitté des yeux.**

A ținut aproape de Thornton și nu l-a pierdut niciodată din vedere.

**Il le suivait pendant qu'il travaillait et le regardait pendant qu'il mangeait.**

L-a urmat în timp ce lucra și l-a privit în timp ce mânca.

**Il voyait Thornton dans ses couvertures la nuit et dehors chaque matin.**

Îl vedea pe Thornton în pături noaptea și afară în fiecare dimineață.

**Mais bientôt l'appel de la forêt revint, plus fort que jamais.**

Dar curând chemarea pădurii s-a întors, mai puternică ca niciodată.

**Buck devint à nouveau agité, agité par les pensées du loup sauvage.**

Buck deveni din nou neliniștit, stârnit de gândurile la lupul sălbatic.

**Il se souvenait de la terre ouverte et de la course côte à côte.**

Își amintea de câmpul deschis și de alergarea unul lângă altul.

**Il commença à errer à nouveau dans la forêt, seul et alerte.**

A început să rătăcească din nou prin pădure, singur și alert.

**Mais le frère sauvage ne revint pas et le hurlement ne fut pas entendu.**

Dar fratele sălbatic nu s-a întors și urletul nu s-a auzit.

**Buck a commencé à dormir dehors, restant absent pendant des jours.**

Buck a început să doarmă afară, stând departe zile întregi.

**Une fois, il traversa la haute ligne de partage des eaux où le ruisseau commençait.**

Odată ce a traversat despărțitura înaltă de unde începea pârâul.

**Il entra dans le pays des bois sombres et des larges ruisseaux.**

A intrat în ținutul pădurilor întunecate și al pâraielor largi și curgătoare.

**Pendant une semaine, il a erré, à la recherche de signes de son frère sauvage.**

Timp de o săptămână a rătăcit, căutând semne ale fratelui sălbatic.

**Il tuait sa propre viande et voyageait à grands pas, sans relâche.**

Și-a ucis propria carne și a călătorit cu pași lungi și neobosiți.

**Il pêchait le saumon dans une large rivière qui se jetait dans la mer.**

El a pescuit somon într-un râu lat care ajungea până la mare.

**Là, il combattit et tua un ours noir rendu fou par les insectes.**

Acolo, s-a luptat și a ucis un urs negru înnebunit de insecte.

**L'ours était en train de pêcher et courait aveuglément à travers les arbres.**

Ursul fusese la pescuit și alerga orbește printre copaci.

**La bataille fut féroce, réveillant le profond esprit combatif de Buck.**

Bătălia a fost una aprigă, trezind spiritul de luptă profund al lui Buck.

**Deux jours plus tard, Buck est revenu et a trouvé des carcajous près de sa proie.**

Două zile mai târziu, Buck s-a întors să găsească lupini la prada sa.

**Une douzaine d'entre eux se disputaient la viande avec une fureur bruyante.**

Vreo doisprezece dintre ei s-au certat cu furie pentru carne.

**Buck chargea et les dispersa comme des feuilles dans le vent.**

Buck a năvălit și i-a împrăștiat ca pe frunzele în vânt.

**Deux loups restèrent derrière, silencieux, sans vie et immobiles pour toujours.**

Doi lupi au rămas în urmă – tăcuți, fără viață și nemișcați pentru totdeauna.

**La soif de sang était plus forte que jamais.**

Setea de sânge a devenit mai puternică ca niciodată.

**Buck était un chasseur, un tueur, se nourrissant de créatures vivantes.**

Buck era un vânător, un ucigaș, hrănindu-se cu creaturi vii.

**Il a survécu seul, en s'appuyant sur sa force et ses sens aiguisés.**

A supraviețuit singur, bazându-se pe puterea și simțurile sale ascuțite.

**Il prospérait dans la nature, où seuls les plus résistants pouvaient vivre.**

A prosperat în sălbăticie, unde doar cei mai rezistenți puteau trăi.

**De là, une grande fierté s'éleva et remplit tout l'être de Buck.**

Din aceasta, o mare mândrie s-a născut și a umplut întreaga ființă a lui Buck.

**Sa fierté se reflétait dans chacun de ses pas, dans le mouvement de chacun de ses muscles.**

Mândria lui se vedea în fiecare pas, în unduirea fiecărui mușchi.

**Sa fierté était aussi claire qu'un discours, visible dans la façon dont il se comportait.**

Mândria lui era la fel de limpede ca vorbele, vizibilă în felul în care se comporta.

**Même son épais pelage semblait plus majestueux et brillait davantage.**

Chiar și blana lui groasă arăta mai maiestuoasă și strălucea mai tare.

**Buck aurait pu être confondu avec un loup géant.**

Buck ar fi putut fi confundat cu un lup uriaș de pădure.

**À l'exception du brun sur son museau et des taches au-dessus de ses yeux.**

Cu excepția maroniei de pe bot și a petelor de deasupra ochilor.

**Et la traînée de fourrure blanche qui courait au milieu de sa poitrine.**

Și urmele albe de blană care îi coborau pe mijlocul pieptului.

**Il était encore plus grand que le plus grand loup de cette race féroce.**

Era chiar mai mare decât cel mai mare lup din acea rasă feroce.

**Son père, un Saint-Bernard, lui a donné de la taille et une ossature lourde.**

Tatăl său, un Saint Bernard, i-a dat statura și constituția masivă.

**Sa mère, une bergère, a façonné cette masse en forme de loup.**

Mama sa, o păstoră, i-a dat forma unui lup.

**Il avait le long museau d'un loup, bien que plus lourd et plus large.**

Avea botul lung al unui lup, deși mai greu și mai lat.

**Sa tête était celle d'un loup, mais construite à une échelle massive et majestueuse.**

Capul lui era de lup, dar construit la o scară masivă și maiestuoasă.

**La ruse de Buck était la ruse du loup et de la nature.**

Viclenia lui Buck era viclenia lupului și a naturii sălbatice.

**Son intelligence lui vient à la fois du berger allemand et du Saint-Bernard.**

Inteligența sa provenea atât de la Ciobănesc German, cât și de la Saint-Bernard.

**Tout cela, ajouté à une expérience difficile, faisait de lui une créature redoutable.**

Toate acestea, plus experiența dură, l-au făcut o creatură înfricoșătoare.

**Il était aussi redoutable que n'importe quelle bête qui parcourait les régions sauvages du nord.**

Era la fel de formidabil ca orice fiară care cutreiera sălbăticia nordică.

**Ne se nourrissant que de viande, Buck a atteint le sommet de sa force.**

Trăind doar cu carne, Buck a atins apogeul puterilor sale.

**Il débordait de puissance et de force masculine dans chaque fibre de son être.**

Deborda de putere și forță masculină în fiecare fibră a lui.

**Lorsque Thornton lui caressait le dos, ses poils brillaient d'énergie.**

Când Thornton și-a mângâiat spatele, firele de păr i-au sclipit de energie.

**Chaque cheveu crépitait, chargé du contact du magnétisme vivant.**

Fiecare fir de păr trosni, încărcat cu atingerea unui magnetism viu.

**Son corps et son cerveau étaient réglés sur le ton le plus fin possible.**

Corpul și creierul său erau acordate la cea mai fină tonalitate posibilă.

**Chaque nerf, chaque fibre et chaque muscle fonctionnaient en parfaite harmonie.**

Fiecare nerv, fibră și mușchi funcționau în perfectă armonie.

**À tout son ou toute vue nécessitant une action, il répondait instantanément.**

La orice sunet sau imagine care necesita acțiune, răspundea instantaneu.

**Si un husky sautait pour attaquer, Buck pouvait sauter deux fois plus vite.**

Dacă un husky sărea să atace, Buck putea sări de două ori mai repede.

**Il a réagi plus vite que les autres ne pouvaient le voir ou l'entendre.**

A reacționat mai repede decât puteau vedea sau auzi alții.

**La perception, la décision et l'action se sont produites en un seul instant fluide.**

Percepția, decizia și acțiunea, toate au venit într-un moment fluid.

**En vérité, ces actes étaient distincts, mais trop rapides pour être remarqués.**

În realitate, aceste acte au fost separate, dar prea rapide pentru a fi observate.

**Les intervalles entre ces actes étaient si brefs qu'ils semblaient n'en faire qu'un.**

Atât de scurte au fost pauzele dintre aceste acte, încât păreau ca unul singur.

**Ses muscles et son être étaient comme des ressorts étroitement enroulés.**

Mușchii și ființa lui erau ca niște arcuri încolăcite strâns.

**Son corps débordait de vie, sauvage et joyeux dans sa puissance.**

Corpul său era plin de viață, sălbatic și vesel în puterea sa.

**Parfois, il avait l'impression que la force allait jaillir de lui entièrement.**

Uneori simțea că forța urma să izbucnească cu totul din el.

**« Il n'y a jamais eu un tel chien », a déclaré Thornton un jour tranquille.**

„N-a mai existat niciodată un astfel de câine", a spus Thornton într-o zi liniștită.

**Les partenaires regardaient Buck sortir fièrement du camp.**

Partenerii l-au privit pe Buck ieșind mândru din tabără.

**« Lorsqu'il a été créé, il a changé ce que pouvait être un chien », a déclaré Pete.**

„Când a fost creat, a schimbat ceea ce poate fi un câine", a spus Pete.

**« Par Jésus ! Je le pense moi-même », acquiesça rapidement Hans.**

„Pe Dumnezeule! Și eu cred asta", a fost repede de acord Hans.

**Ils l'ont vu s'éloigner, mais pas le changement qui s'est produit après.**

L-au văzut plecând, dar nu și schimbarea care a venit după.

Dès qu'il est entré dans les bois, Buck s'est complètement transformé.

Imediat ce a intrat în pădure, Buck s-a transformat complet.

Il ne marchait plus, mais se déplaçait comme un fantôme sauvage parmi les arbres.

Nu mai mărșăluia, ci se mișca ca o fantomă sălbatică printre copaci.

Il devint silencieux, les pieds comme un chat, une lueur traversant les ombres.

A devenit tăcut, cu picioare de pisică, o licărire care trecea printre umbre.

Il utilisait la couverture avec habileté, rampant sur le ventre comme un serpent.

A folosit adăpostul cu îndemânare, târându-se pe burtă ca un șarpe.

Et comme un serpent, il pouvait bondir en avant et frapper en silence.

Și, ca un șarpe, putea sări înainte și să lovească în tăcere.

Il pourrait voler un lagopède directement dans son nid caché.

Putea fura o perucă galbenă direct din cuibul ei ascuns.

Il a tué des lapins endormis sans un seul bruit.

A ucis iepuri adormiți fără niciun sunet.

Il pouvait attraper des tamias en plein vol alors qu'ils fuyaient trop lentement.

Putea prinde veverițe în aer, deoarece fugeau prea încet.

Même les poissons dans les bassins ne pouvaient échapper à ses attaques soudaines.

Nici măcar peștii din bălți nu puteau scăpa de loviturile lui bruște.

Même les castors astucieux qui réparaient les barrages n'étaient pas à l'abri de lui.

Nici măcar castorii deștepți care reparau baraje nu erau în siguranță de el.

Il tuait pour se nourrir, pas pour le plaisir, mais il préférait tuer ses propres victimes.

Ucidea pentru mâncare, nu pentru distracție — dar prefera propriile victime.

**Pourtant, un humour sournois traversait certaines de ses chasses silencieuses.**

Totuși, un umor viclean străbătea unele dintre vânătorile sale tăcute.

**Il s'est approché des écureuils, mais les a laissés s'échapper.**

S-a strecurat aproape de veverițe, doar ca să le lase să scape.

**Ils allaient fuir vers les arbres, bavardant dans une rage effrayée.**

Aveau să fugă în copaci, ciripind de furie și frică.

**À l'arrivée de l'automne, les orignaux ont commencé à apparaître en plus grand nombre.**

Pe măsură ce a venit toamna, elanii au început să apară în număr mai mare.

**Ils se sont déplacés lentement vers les basses vallées pour affronter l'hiver.**

S-au mișcat încet în văile joase pentru a întâmpina iarna.

**Buck avait déjà abattu un jeune veau errant.**

Buck doborâse deja un vițel tânăr, rătăcit.

**Mais il aspirait à affronter des proies plus grandes et plus dangereuses.**

Dar tânjea să înfrunte o pradă mai mare și mai periculoasă.

**Un jour, à la ligne de partage des eaux, à la tête du ruisseau, il trouva sa chance.**

Într-o zi, pe despărțitură, la izvorul pârâului, și-a găsit șansa.

**Un troupeau de vingt orignaux avait traversé des terres boisées.**

O turmă de douăzeci de elani traversase ținuturile împădurite.

**Parmi eux se trouvait un puissant taureau, le chef du groupe.**

Printre ei se afla un taur puternic; conducătorul grupului.

**Le taureau mesurait plus de six pieds de haut et avait l'air féroce et sauvage.**

Taurul avea peste doi metri înălțime și arăta fioros și sălbatic.

**Il lança ses larges bois, quatorze pointes se ramifiant vers l'extérieur.**

Și-a aruncat coarnele largi, paisprezece vârfuri ramificându-se în exterior.

**Les extrémités de ces bois s'étendaient sur sept pieds de large.**

Vârfurile acelor coarne se întindeau pe un diametru de șapte picioare.

**Ses petits yeux brûlaient de rage lorsqu'il aperçut Buck à proximité.**

Ochii lui mici ardeau de furie când l-a zărit pe Buck în apropiere.

**Il poussa un rugissement furieux, tremblant de fureur et de douleur.**

A scos un răget furios, tremurând de furie și durere.

**Une pointe de flèche sortait près de son flanc, empennée et pointue.**

Un vârf de săgeată ieșea în relief lângă flancul său, ascuțit și ca un pene.

**Cette blessure a contribué à expliquer son humeur sauvage et amère.**

Această rană a ajutat la explicarea dispoziției sale sălbatice și amare.

**Buck, guidé par un ancien instinct de chasseur, a fait son mouvement.**

Buck, ghidat de un străvechi instinct de vânătoare, și-a făcut mișcarea.

**Son objectif était de séparer le taureau du reste du troupeau.**

El a urmărit să separe taurul de restul turmei.

**Ce n'était pas une tâche facile : il fallait de la rapidité et une ruse féroce.**

Nu a fost o sarcină ușoară — a necesitat viteză și o viclenie feroce.

**Il aboyait et dansait près du taureau, juste hors de portée.**

A lătrat și a dansat lângă taur, chiar în afara razei de acțiune.

**L'élan s'est précipité avec d'énormes sabots et des bois mortels.**

Elanul se năpustea cu copite uriașe și coarne mortale.

Un seul coup aurait pu mettre fin à la vie de Buck en un clin d'œil.

O singură lovitură ar fi putut curma viața lui Buck într-o clipă.

Incapable de laisser la menace derrière lui, le taureau devint fou.

Incapabil să lase amenințarea în urmă, taurul s-a înfuriat.

Il chargea avec fureur, mais Buck s'échappa toujours.

A năvălit furios, dar Buck se strecura mereu la fugă.

Buck simula une faiblesse, l'attirant plus loin du troupeau.

Buck s-a prefăcut slăbiciune, atrăgându-l mai departe de turmă.

Mais les jeunes taureaux allaient charger pour protéger le leader.

Dar taurii tineri urmau să riposteze pentru a-l proteja pe lider.

Ils ont forcé Buck à battre en retraite et le taureau à rejoindre le groupe.

L-au forțat pe Buck să se retragă și pe taur să se alăture grupului.

Il y a une patience dans la nature, profonde et imparable.

Există o răbdare în sălbăticie, profundă și de neoprit.

Une araignée attend immobile dans sa toile pendant d'innombrables heures.

Un păianjen așteaptă nemișcat în pânza sa nenumărate ore.

Un serpent s'enroule sans tressaillement et attend que son heure soit venue.

Un șarpe se încolăcește fără să tresară și așteaptă până când îi vine momentul.

Une panthère se tient en embuscade, jusqu'à ce que le moment arrive.

O panteră stă la ambuscadă, până când sosește momentul.

C'est la patience des prédateurs qui chassent pour survivre.

Aceasta este răbdarea prădătorilor care vânează pentru a supraviețui.

Cette même patience brûlait à l'intérieur de Buck alors qu'il restait proche.

Aceeași răbdare îl ardea în Buck în timp ce stătea aproape.

**Il resta près du troupeau, ralentissant sa marche et suscitant la peur.**

A rămas lângă turmă, încetinindu-i marșul și stârnind frică.

**Il taquinait les jeunes taureaux et harcelait les vaches mères.**

El i-a tachinat pe taurii tineri și a hărțuit vacile.

**Il a plongé le taureau blessé dans une rage encore plus profonde et impuissante.**

L-a împins pe taurul rănit într-o furie mai adâncă, neajutorată.

**Pendant une demi-journée, le combat s'est prolongé sans aucun répit.**

Timp de o jumătate de zi, lupta s-a prelungit fără nicio odihnă.

**Buck attaquait sous tous les angles, rapide et féroce comme le vent.**

Buck a atacat din toate unghiurile, rapid și feroce ca vântul.

**Il a empêché le taureau de se reposer ou de se cacher avec son troupeau.**

El a împiedicat taurul să se odihnească sau să se ascundă împreună cu turma sa.

**Le cerf a épuisé la volonté de l'élan plus vite que son corps.**

Buck a epuizat voința elanului mai repede decât corpul său.

**La journée passa et le soleil se coucha bas dans le ciel du nord-ouest.**

Ziua a trecut și soarele a apus pe cerul de nord-vest.

**Les jeunes taureaux revinrent plus lentement pour aider leur chef.**

Taurii tineri s-au întors mai încet să-și ajute conducătorul.

**Les nuits d'automne étaient revenues et l'obscurité durait désormais six heures.**

Nopțile de toamnă se întorseseră, iar întunericul dura acum șase ore.

**L'hiver les poussait vers des vallées plus sûres et plus chaudes.**

Iarna îi împingea la vale, spre văi mai sigure și mai calde.

**Mais ils ne pouvaient toujours pas échapper au chasseur qui les retenait.**

Dar tot nu au putut scăpa de vânătorul care i-a ținut înapoi.

**Une seule vie était en jeu : pas celle du troupeau, mais celle de leur chef.**

O singură viață era în joc – nu cea a turmei, ci doar cea a liderului lor.

**Cela rendait la menace lointaine et non leur préoccupation urgente.**

Asta făcea ca amenințarea să fie distantă și nu preocuparea lor urgentă.

**Au fil du temps, ils ont accepté ce prix et ont laissé Buck prendre le vieux taureau.**

În timp, au acceptat acest preț și l-au lăsat pe Buck să ia bătrânul taur.

**Alors que le crépuscule s'installait, le vieux taureau se tenait debout, la tête baissée.**

Pe măsură ce se lăsa amurgul, bătrânul taur stătea cu capul plecat.

**Il regarda le troupeau qu'il avait conduit disparaître dans la lumière déclinante.**

A privit cum turma pe care o condusese dispăru în lumina care se estompa.

**Il y avait des vaches qu'il avait connues, des veaux qu'il avait autrefois engendrés.**

Erau vaci pe care le cunoscuse, viței pe care îi născuse odată.

**Il y avait des taureaux plus jeunes qu'il avait combattus et dominés au cours des saisons précédentes.**

Erau tauri mai tineri cu care se luptase și pe care îi domnise în sezoanele trecute.

**Il ne pouvait pas les suivre, car Buck était à nouveau accroupi devant lui.**

Nu-i putea urma — căci în fața lui stătea din nou ghemuit Buck.

**La terreur impitoyable aux crocs bloquait tous les chemins qu'il pouvait emprunter.**

Teroarea nemiloasă cu colți ascuțiți îi bloca orice cale pe care ar fi putut-o urma.

**Le taureau pesait plus de trois cents livres de puissance dense.**

Taurul cântărea mai mult de trei sute de kilograme de putere densă.

**Il avait vécu longtemps et s'était battu avec acharnement dans un monde de luttes.**

Trăise mult și luptase din greu într-o lume a luptelor.

**Mais maintenant, à la fin, la mort venait d'une bête bien en dessous de lui.**

Și totuși acum, la sfârșit, moartea a venit de la o fiară mult inferioară lui.

**La tête de Buck n'atteignait même pas les énormes genoux noueux du taureau.**

Capul lui Buck nici măcar nu se ridica până la genunchii uriași și încordați ai taurului.

**À partir de ce moment, Buck resta avec le taureau nuit et jour.**

Din acel moment, Buck a rămas cu taurul zi și noapte.

**Il ne lui a jamais laissé de repos, ne lui a jamais permis de brouter ou de boire.**

Nu i-a dat niciodată odihnă, nu i-a permis niciodată să pască sau să bea.

**Le taureau a essayé de manger de jeunes pousses de bouleau et des feuilles de saule.**

Taurul a încercat să mănânce lăstari tineri de mesteacăn și frunze de salcie.

**Mais Buck le repoussa, toujours alerte et toujours attaquant.**

Dar Buck l-a alungat, mereu alert și mereu atacând.

**Même dans les ruisseaux qui ruisselaient, Buck bloquait toute tentative assoiffée.**

Chiar și la pâraie care curgeau șiroaie, Buck bloca orice încercare de a bea însetat.

**Parfois, par désespoir, le taureau s'enfuyait à toute vitesse.**

Uneori, în disperare, taurul fugea cu viteză maximă.

**Buck le laissa courir, galopant calmement juste derrière, jamais très loin.**

Buck l-a lăsat să alerge, alergând calm chiar în spatele lui, niciodată departe.

**Lorsque l'élan s'arrêta, Buck s'allongea, mais resta prêt.**

Când elanul s-a oprit, Buck s-a întins, dar a rămas pregătit.

**Si le taureau essayait de manger ou de boire, Buck frappait avec une fureur totale.**

Dacă taurul încerca să mănânce sau să bea, Buck loveşte cu furie deplină.

**La grosse tête du taureau s'affaissait sous ses vastes bois.**

Capul uriaş al taurului se lăsa tot mai jos sub coarnele sale vaste.

**Son rythme ralentit, le trot devint lourd, une marche trébuchante.**

Pasul său a încetinit, trapul a devenit greu; un mers poticnit.

**Il restait souvent immobile, les oreilles tombantes et le nez au sol.**

Adesea stătea nemişcat cu urechile căzute şi nasul la pământ.

**Pendant ces moments-là, Buck prenait le temps de boire et de se reposer.**

În acele momente, Buck şi-a făcut timp să bea şi să se odihnească.

**La langue tirée, les yeux fixés, Buck sentait que la terre était en train de changer.**

Cu limba scoasă şi ochii fixi, Buck simţea că ţara se schimba.

**Il sentit quelque chose de nouveau se déplacer dans la forêt et dans le ciel.**

A simţit ceva nou mişcându-se prin pădure şi prin cer.

**Avec le retour des orignaux, d'autres créatures sauvages ont fait de même.**

Pe măsură ce elanii s-au întors, la fel s-au întâmplat şi cu alte creaturi sălbatice.

**La terre semblait vivante, avec une présence invisible mais fortement connue.**

Ţara părea vie, cu o prezenţă, nevăzută, dar puternic cunoscută.

**Ce n'était ni par l'ouïe, ni par la vue, ni par l'odorat que Buck le savait.**

Buck nu ştia asta prin sunet, văz sau miros.

**Un sentiment plus profond lui disait que de nouvelles forces étaient en mouvement.**

Un simţ mai profund îi spunea că noi forţe erau în mişcare.
**Une vie étrange s'agitait dans les bois et le long des ruisseaux.**
O viaţă ciudată se mişca prin păduri şi de-a lungul pâraielor.
**Il a décidé d'explorer cet esprit, une fois la chasse terminée.**
El a hotărât să exploreze acest spirit, după ce vânătoarea va fi terminată.
**Le quatrième jour, Buck a finalement abattu l'élan.**
În a patra zi, Buck a doborât în sfârşit elanul.
**Il est resté près de la proie pendant une journée et une nuit entières, se nourrissant et se reposant.**
A stat lângă pradă o zi şi o noapte întreagă, hrănindu-se şi odihnindu-se.
**Il mangea, puis dormit, puis mangea à nouveau, jusqu'à ce qu'il soit fort et rassasié.**
A mâncat, apoi a dormit, apoi a mâncat din nou, până s-a simţit puternic şi sătul.
**Lorsqu'il fut prêt, il retourna vers le camp et Thornton.**
Când fu gata, se întoarse spre tabără şi spre Thornton.
**D'un pas régulier, il commença le long voyage de retour vers la maison.**
Cu un ritm constant, a început lunga călătorie de întoarcere spre casă.
**Il courait d'un pas infatigable, heure après heure, sans jamais s'égarer.**
A alergat în goana lui neobosit, oră după oră, fără să se rătăcească niciodată.
**À travers des terres inconnues, il se déplaçait droit comme l'aiguille d'une boussole.**
Prin ţinuturi necunoscute, s-a mişcat drept ca acul unei busole.
**Son sens de l'orientation faisait paraître l'homme et la carte faibles en comparaison.**
Simţul său de orientare făcea ca omul şi harta să pară slabe prin comparaţie.
**Tandis que Buck courait, il sentait plus fortement l'agitation dans la terre sauvage.**

Pe măsură ce Buck alerga, simțea mai puternic freamătul din ținutul sălbatic.

**C'était un nouveau genre de vie, différent de celui des mois calmes de l'été.**

Era un nou fel de viață, spre deosebire de cea din lunile calme de vară.

**Ce sentiment n'était plus un message subtil ou distant.**

Acest sentiment nu mai venea ca un mesaj subtil sau distant.

**Maintenant, les oiseaux parlaient de cette vie et les écureuils en bavardaient.**

Acum păsările vorbeau despre această viață, iar veverițele ciripeau despre ea.

**Même la brise murmurait des avertissements à travers les arbres silencieux.**

Chiar și briza șoptea avertismente printre copacii tăcuți.

**Il s'arrêta à plusieurs reprises et respira l'air frais du matin.**

De câteva ori s-a oprit și a adulmecat aerul proaspăt al dimineții.

**Il y lut un message qui le fit bondir plus vite en avant.**

A citit acolo un mesaj care l-a făcut să sară mai repede înainte.

**Un lourd sentiment de danger l'envahit, comme si quelque chose s'était mal passé.**

Un sentiment puternic de pericol îl cuprinse, ca și cum ceva nu ar fi mers bine.

**Il craignait qu'une catastrophe ne se produise – ou ne soit déjà arrivée.**

Se temea că urma să vină o calamitate – sau că venise deja.

**Il franchit la dernière crête et entra dans la vallée en contrebas.**

A traversat ultima creastă și a intrat în valea de dedesubt.

**Il se déplaçait plus lentement, alerte et prudent à chaque pas.**

Se mișca mai încet, alert și precaut la fiecare pas.

**À trois milles de là, il trouva une piste fraîche qui le fit se raidir.**

După cinci kilometri, a găsit o cărare nouă care l-a înțepenit.

**Les cheveux le long de son cou ondulaient et se hérissaient d'alarme.**

Părul de pe ceafă i s-a ondulat și s-a zbârlit de alarmă.

**Le sentier menait directement au camp où Thornton attendait.**

Drumul ducea direct spre tabăra unde îl aștepta Thornton.

**Buck se déplaçait désormais plus rapidement, sa foulée à la fois silencieuse et rapide.**

Buck se mișca acum mai repede, pașii lui tăcuți și rapizi în același timp.

**Ses nerfs se sont resserrés lorsqu'il a lu des signes que d'autres allaient manquer.**

Nervii i s-au încordat pe măsură ce a citit semne pe care alții aveau să le rateze.

**Chaque détail du sentier racontait une histoire, sauf le dernier morceau.**

Fiecare detaliu din potecă spunea o poveste - cu excepția ultimei piese.

**Son nez lui parlait de la vie qui s'était déroulée ici.**

Nasul lui îi povestea despre viața care trecuse pe aici.

**L'odeur lui donnait une image changeante alors qu'il le suivait de près.**

Mirosul îi oferea o imagine schimbătoare în timp ce îl urma îndeaproape.

**Mais la forêt elle-même était devenue silencieuse, anormalement immobile.**

Dar pădurea însăși devenise liniștită; o nemișcare nefirească.

**Les oiseaux avaient disparu, les écureuils étaient cachés, silencieux et immobiles.**

Păsările dispăruseră, veverițele erau ascunse, tăcute și nemișcate.

**Il n'a vu qu'un seul écureuil gris, allongé sur un arbre mort.**

A văzut o singură veveriță cenușie, întinsă pe un copac mort.

**L'écureuil se fondait dans la masse, raide et immobile comme une partie de la forêt.**

Veverița s-a amestecat, rigidă și nemișcată, ca o parte din pădure.

**Buck se déplaçait comme une ombre, silencieux et sûr à travers les arbres.**

Buck se mișca ca o umbră, tăcut și sigur printre copaci.

**Son nez se souleva sur le côté comme s'il était tiré par une main invisible.**

Nasul i se zvârcolea într-o parte, ca și cum ar fi fost tras de o mână nevăzută.

**Il se retourna et suivit la nouvelle odeur jusqu'au plus profond d'un fourré.**

S-a întors și a urmat noul miros adânc într-un desiș.

**Là, il trouva Nig, étendu mort, transpercé par une flèche.**

Acolo l-a găsit pe Nig, zăcând mort, străpuns de o săgeată.

**La flèche traversa son corps, laissant encore apparaître ses plumes.**

Săgeata i-a străpuns corpul, penele fiind încă vizibile.

**Nig s'était traîné jusqu'ici, mais il était mort avant d'avoir pu obtenir de l'aide.**

Nig se târîse până acolo, dar murise înainte să ajungă la ajutor.

**Une centaine de mètres plus loin, Buck trouva un autre chien de traîneau.**

La o sută de metri mai încolo, Buck a găsit un alt câine de sanie.

**C'était un chien que Thornton avait racheté à Dawson City.**

Era un câine pe care Thornton îl cumpărase din Dawson City.

**Le chien était en proie à une lutte à mort, se débattant violemment sur le sentier.**

Câinele se lupta cu moartea, zbătându-se din greu pe potecă.

**Buck le contourna sans s'arrêter, les yeux fixés devant lui.**

Buck a trecut pe lângă el, fără să se oprească, cu privirea ațintită înainte.

**Du côté du camp venait un chant lointain et rythmé.**

Din direcția taberei se auzea o incantație ritmică, îndepărtată.

**Les voix s'élevaient et retombaient sur un ton étrange, inquiétant et chantant.**

Vocile se ridicau și se descreșteau pe un ton ciudat, straniu, cântăreț.

**Buck rampa jusqu'au bord de la clairière en silence.**

Buck s-a târât în tăcere până la marginea poianei.

**Là, il vit Hans étendu face contre terre, percé de nombreuses flèches.**

Acolo l-a văzut pe Hans zăcând cu fața în jos, străpuns de multe săgeți.

**Son corps ressemblait à celui d'un porc-épic, hérissé de plumes.**

Corpul său arăta ca un porc spinos, zbârlit de săgeți cu pene.

**Au même moment, Buck regarda vers le pavillon en ruine.**

În același moment, Buck privi spre cabana în ruine.

**Cette vue lui fit dresser les cheveux sur la nuque et les épaules.**

Priveliștea i s-a zbârlit părul pe ceafă și pe umeri.

**Une tempête de rage sauvage parcourut tout le corps de Buck.**

O furtună de furie sălbatică l-a cuprins pe Buck.

**Il grogna à haute voix, même s'il ne savait pas qu'il l'avait fait.**

A mârâit tare, deși nu știa că o făcuse.

**Le son était brut, rempli d'une fureur terrifiante et sauvage.**

Sunetul era crud, plin de o furie terifiantă și sălbatică.

**Pour la dernière fois de sa vie, Buck a perdu la raison au profit de l'émotion.**

Pentru ultima dată în viața lui, Buck și-a pierdut rațiunea de a se lăsa pradă emoțiilor.

**C'est l'amour pour John Thornton qui a brisé son contrôle minutieux.**

Dragostea pentru John Thornton i-a zdruncinat controlul atent.

**Les Yeehats dansaient autour de la hutte en épicéa détruite.**

Yeehat-ii dansau în jurul cabanei de molizi dărăpănate.

**Puis un rugissement retentit et une bête inconnue chargea vers eux.**

Apoi s-a auzit un răget — și o fiară necunoscută s-a năpustit spre ei.

**C'était Buck ; une fureur en mouvement ; une tempête vivante de vengeance.**

Era Buck; o furie în mișcare; o furtună vie a răzbunării.

**Il se jeta au milieu d'eux, fou du besoin de tuer.**

S-a aruncat în mijlocul lor, înnebunit de dorința de a ucide.

**Il sauta sur le premier homme, le chef Yeehat, et frappa juste.**

A sărit asupra primului om, șeful Yeehat, și a lovit cu putere.

**Sa gorge fut déchirée et du sang jaillit à flots.**

Gâtul i-a fost smuls, iar sângele i-a șiroit ca un șuvoi.

**Buck ne s'arrêta pas, mais déchira la gorge de l'homme suivant d'un seul bond.**

Buck nu se opri, ci îi sfâșie gâtul următorului om dintr-un salt.

**Il était inarrêtable : il déchirait, taillait, ne s'arrêtait jamais pour se reposer.**

Era de neoprit – sfâșia, tăia, fără să se oprească niciodată.

**Il s'élança et bondit si vite que leurs flèches ne purent l'atteindre.**

A sărit și a țâșnit atât de repede încât săgețile lor nu l-au putut atinge.

**Les Yeehats étaient pris dans leur propre panique et confusion.**

Yeehat-ii erau prinși în propria panică și confuzie.

**Leurs flèches manquèrent Buck et se frappèrent l'une l'autre à la place.**

Săgețile lor l-au ratat pe Buck și s-au lovit între ele.

**Un jeune homme a lancé une lance sur Buck et a touché un autre homme.**

Un tânăr a aruncat o suliță spre Buck și a lovit un alt bărbat.

**La lance lui transperça la poitrine, la pointe lui transperçant le dos.**

Sulița i-a străpuns pieptul, vârful străpungându-i spatele.

**La terreur s'empara des Yeehats et ils se mirent en retraite.**

Teroarea i-a cuprins pe Yeehats, iar aceștia s-au retras complet.

**Ils crièrent à l'Esprit Maléfique et s'enfuirent dans les ombres de la forêt.**

Au țipat de la Duhul Rău și au fugit în umbrele pădurii.

**Vraiment, Buck était comme un démon alors qu'il poursuivait les Yeehats.**

Într-adevăr, Buck a fost ca un demon în timp ce i-a urmărit pe Yeehats.

**Il les poursuivit à travers la forêt, les faisant tomber comme des cerfs.**

A țâșnit după ei prin pădure, doborându-i ca pe niște căprioare.

**Ce fut un jour de destin et de terreur pour les Yeehats effrayés.**

A devenit o zi a sorții și a terorii pentru Yeehat-ii înspăimântați.

**Ils se dispersèrent à travers le pays, fuyant au loin dans toutes les directions.**

S-au împrăștiat prin țară, fugind departe în toate direcțiile.

**Une semaine entière s'est écoulée avant que les derniers survivants ne se retrouvent dans une vallée.**

A trecut o săptămână întreagă până când ultimii supraviețuitori s-au întâlnit într-o vale.

**Ce n'est qu'alors qu'ils ont compté leurs pertes et parlé de ce qui s'était passé.**

Abia atunci și-au numărat pierderile și au vorbit despre ce s-a întâmplat.

**Buck, après s'être lassé de la chasse, retourna au camp en ruine.**

Buck, după ce a obosit de urmărire, s-a întors în tabăra ruinată.

**Il a trouvé Pete, toujours dans ses couvertures, tué lors de la première attaque.**

L-a găsit pe Pete, încă în pături, ucis în primul atac.

**Les signes du dernier combat de Thornton étaient marqués dans la terre à proximité.**

Semnele ultimei lupte a lui Thornton erau marcate în pământul din apropiere.

**Buck a suivi chaque trace, reniflant chaque marque jusqu'à un point final.**

Buck a urmărit fiecare urmă, adulmecând fiecare semn până la un punct final.

**Au bord d'un bassin profond, il trouva le fidèle Skeet, allongé immobile.**

La marginea unui bazin adânc, l-a găsit pe credinciosul Skeet, zăcând nemișcat.

**La tête et les pattes avant de Skeet étaient dans l'eau, immobiles dans la mort.**

Capul și labele din față ale lui Skeet erau în apă, nemișcate de moarte.

**La piscine était boueuse et contaminée par les eaux de ruissellement provenant des écluses.**

Piscina era noroioasă și contaminată cu apa care curgea din ecluze.

**Sa surface nuageuse cachait ce qui se trouvait en dessous, mais Buck connaissait la vérité.**

Suprafața sa tulbure ascundea ceea ce se afla dedesubt, dar Buck știa adevărul.

**Il a suivi l'odeur de Thornton dans la piscine, mais l'odeur ne menait nulle part ailleurs.**

A urmărit mirosul lui Thornton până în piscină — dar mirosul nu l-a dus nicăieri altundeva.

**Aucune odeur ne menait à l'extérieur, seulement le silence des eaux profondes.**

Nu se auzea niciun miros care să se răspândească – doar liniștea apei adânci.

**Toute la journée, Buck resta près de la piscine, arpentant le camp avec chagrin.**

Toată ziua, Buck a stat lângă baltă, plimbându-se prin tabără cu tristețe.

**Il errait sans cesse ou restait assis, immobile, perdu dans ses pensées.**

Rătăcea neliniștit sau stătea nemișcat, pierdut în gânduri adânci.

**Il connaissait la mort, la fin de la vie, la disparition de tout mouvement.**

El cunoștea moartea; sfârșitul vieții; dispariția oricărei mișcări.

**Il comprit que John Thornton était parti et ne reviendrait jamais.**

A înțeles că John Thornton plecase și că nu se va mai întoarce niciodată.

**La perte a laissé en lui un vide qui palpitait comme la faim.**

Pierderea a lăsat în el un gol care pulsa ca foamea.

**Mais c'était une faim que la nourriture ne pouvait apaiser, peu importe la quantité qu'il mangeait.**

Dar aceasta era o mâncare pe care foamea nu o putea potoli, indiferent cât mânca.

**Parfois, alors qu'il regardait les Yeehats morts, la douleur s'estompait.**

Uneori, în timp ce se uita la Yeehats-ii morți, durerea se estompa.

**Et puis une étrange fierté monta en lui, féroce et complète.**

Și apoi o mândrie ciudată l-a cuprins, aprigă și deplină.

**Il avait tué l'homme, le gibier le plus élevé et le plus dangereux de tous.**

Ucisese oameni, cel mai înalt și mai periculos vânat dintre toate.

**Il avait tué au mépris de l'ancienne loi du gourdin et des crocs.**

Ucisese sfidând străvechea lege a bâtei și colțului.

**Buck renifla leurs corps sans vie, curieux et pensif.**

Buck le adulmeca trupurile fără viață, curios și gânditor.

**Ils étaient morts si facilement, bien plus facilement qu'un husky dans un combat.**

Muriseră atât de ușor – mult mai ușor decât un husky într-o luptă.

**Sans leurs armes, ils n'avaient aucune véritable force ni menace.**

Fără armele lor, nu aveau nicio putere sau amenințare reală.

**Buck n'aurait plus jamais peur d'eux, à moins qu'ils ne soient armés.**

Buck nu avea să se mai teamă niciodată de ei, decât dacă erau înarmați.

**Ce n'est que lorsqu'ils portaient des gourdins, des lances ou des flèches qu'il se méfiait.**

Numai când purtau bâte, sulițe sau săgeți avea grijă.

La nuit tomba et une pleine lune se leva au-dessus de la cime des arbres.

S-a lăsat noaptea, iar o lună plină s-a ridicat sus deasupra vârfurilor copacilor.

La pâle lumière de la lune baignait la terre d'une douce lueur fantomatique, comme le jour.

Lumina palidă a lunii scălda pământul într-o strălucire blândă, fantomatică, ca ziua.

Alors que la nuit s'approfondissait, Buck pleurait toujours au bord de la piscine silencieuse.

Pe măsură ce noaptea se adâncea, Buck încă jelea lângă iazul tăcut.

Puis il prit conscience d'un autre mouvement dans la forêt.

Apoi a devenit conştient de o altă mişcare în pădure.

L'agitation ne venait pas des Yeehats, mais de quelque chose de plus ancien et de plus profond.

Frânjetul nu venea de la Yeehats, ci de la ceva mai vechi şi mai profund.

Il se leva, les oreilles dressées, le nez testant la brise avec précaution.

S-a ridicat în picioare, cu urechile ciulite, testând cu grijă briza.

De loin, un cri faible et aigu perça le silence.

De departe s-a auzit un ţipăt slab şi ascuţit, care a străpuns liniştea.

Puis un chœur de cris similaires suivit de près le premier.

Apoi, un cor de strigăte similare le-a urmat îndeaproape pe cele din urmă.

Le bruit se rapprochait, devenant plus fort à chaque instant qui passait.

Sunetul se apropia, devenind mai puternic cu fiecare clipă.

Buck connaissait ce cri : il venait de cet autre monde dans sa mémoire.

Buck ştia acest strigăt – venea din cealaltă lume din memoria lui.

Il se dirigea vers le centre de l'espace ouvert et écouta attentivement.

A mers până în centrul spațiului deschis și a ascultat cu atenție.

**L'appel retentit, multiple et plus puissant que jamais.**

Apelul a răsunat, s-a auzit de multe ori și a fost mai puternic ca niciodată.

**Et maintenant, plus que jamais, Buck était prêt à répondre à son appel.**

Și acum, mai mult ca niciodată, Buck era gata să răspundă chemării sale.

**John Thornton était mort et il ne lui restait plus aucun lien avec l'homme.**

John Thornton era mort și nicio legătură cu un om nu mai rămăsese în el.

**L'homme et toutes ses prétentions avaient disparu : il était enfin libre.**

Omul și toate drepturile umane dispăruseră — în sfârșit era liber.

**La meute de loups chassait de la viande comme les Yeehats l'avaient fait autrefois.**

Haita de lupi vâna carne așa cum făceau odinioară Yeehat-ii.

**Ils avaient suivi les orignaux depuis les terres boisées.**

Urmăriseră elanii dinspre ținuturile împădurite.

**Maintenant, sauvages et affamés de proies, ils traversèrent sa vallée.**

Acum, sălbatici și înfometați de pradă, au trecut în valea lui.

**Ils arrivèrent dans la clairière éclairée par la lune, coulant comme de l'eau argentée.**

În poiană luminată de lună au ajuns, curgând ca o apă argintie.

**Buck se tenait immobile au centre, les attendant.**

Buck stătea nemișcat în centru, așteptându-i.

**Sa présence calme et imposante a stupéfié la meute et l'a plongée dans un bref silence.**

Prezența lui calmă și impunătoare a uluit grupul și a lăsat o tăcere scurtă.

**Alors le loup le plus audacieux sauta droit sur lui sans hésitation.**

Atunci cel mai îndrăzneț lup a sărit direct asupra lui fără
ezitare.

**Buck frappa vite et brisa le cou du loup d'un seul coup.**
Buck a lovit repede și i-a rupt gâtul lupului dintr-o singură
lovitură.

**Il resta immobile à nouveau tandis que le loup mourant se
tordait derrière lui.**
A rămas din nou nemișcat în timp ce lupul pe moarte se
răsucea în spatele lui.

**Trois autres loups ont attaqué rapidement, l'un après l'autre.**
Alți trei lupi au atacat rapid, unul după altul.

**Chacun d'eux s'est retiré en sang, la gorge ou les épaules
tranchées.**
Fiecare s-a retras sângerând, cu gâtul sau umerii tăiați.

**Cela a suffi à déclencher une charge sauvage de toute la
meute.**
Asta a fost suficient pentru a declanșa întreaga haită într-o
năvală sălbatică.

**Ils se précipitèrent ensemble, trop impatients et trop
nombreux pour bien frapper.**
S-au repezit împreună, prea nerăbdători și înghesuiți ca să
lovească bine.

**La vitesse et l'habileté de Buck lui ont permis de rester en
tête de l'attaque.**
Viteza și priceperea lui Buck i-au permis să rămână cu un pas
înaintea atacului.

**Il tournait sur ses pattes arrière, claquant et frappant dans
toutes les directions.**
Se învârtea pe picioarele din spate, pocnind și lovind în toate
direcțiile.

**Pour les loups, cela donnait l'impression que sa défense ne
s'était jamais ouverte ou n'avait jamais faibli.**
Lupilor li se părea că apărarea lui nu s-a deschis niciodată și
nici nu a șovăit.

**Il s'est retourné et a frappé si vite qu'ils ne pouvaient pas
passer derrière lui.**

S-a întors și a lovit atât de repede încât nu au mai putut ajunge în spatele lui.

**Néanmoins, leur nombre l'obligea à céder du terrain et à reculer.**

Cu toate acestea, numărul lor l-a obligat să cedeze teren și să se retragă.

**Il passa devant la piscine et descendit dans le lit rocheux du ruisseau.**

A trecut de baltă și a coborât în albia stâncoasă a pârâului.

**Là, il se heurta à un talus abrupt de gravier et de terre.**

Acolo a dat peste un mal abrupt de pietriș și pământ.

**Il s'est retrouvé coincé dans un coin coupé lors des fouilles des mineurs.**

A intrat într-o tăietură de colț în timpul vechilor săpături ale minerilor.

**Désormais protégé sur trois côtés, Buck ne faisait face qu'au loup de devant.**

Acum, protejat din trei părți, Buck se confrunta doar cu lupul din față.

**Là, il se tenait à distance, prêt pour la prochaine vague d'assaut.**

Acolo, a stat la distanță, pregătit pentru următorul val de atac.

**Buck a tenu bon si farouchement que les loups ont reculé.**

Buck și-a ținut poziția atât de ferm încât lupii s-au retras.

**Au bout d'une demi-heure, ils étaient épuisés et visiblement vaincus.**

După o jumătate de oră, erau epuizați și vizibil înfrânți.

**Leurs langues pendaient, leurs crocs blancs brillaient au clair de lune.**

Limbile le atârnau afară, colții lor albi străluceau în lumina lunii.

**Certains loups se sont couchés, la tête levée, les oreilles dressées vers Buck.**

Niște lupi s-au întins, cu capetele ridicate și urechile ciulite spre Buck.

**D'autres restaient immobiles, vigilants et observant chacun de ses mouvements.**

Alţii stăteau nemişcaţi, alerţi şi îi urmăreau fiecare mişcare.

**Quelques-uns se sont dirigés vers la piscine et ont bu de l'eau froide.**

Câţiva s-au îndreptat spre piscină şi au băut apă rece.

**Puis un loup gris, long et maigre, s'avança doucement.**

Apoi, un lup cenuşiu, lung şi slab, s-a târât înainte cu blândeţe.

**Buck le reconnut : c'était le frère sauvage de tout à l'heure.**

Buck l-a recunoscut – era fratele sălbatic de dinainte.

**Le loup gris gémit doucement, et Buck répondit par un gémissement.**

Lupul cenuşiu a scâncit încet, iar Buck a răspuns cu un scâncet.

**Ils se touchèrent le nez, tranquillement et sans menace ni peur.**

Şi-au atins nasurile, în linişte şi fără ameninţări sau teamă.

**Ensuite est arrivé un loup plus âgé, maigre et marqué par de nombreuses batailles.**

Apoi a venit un lup mai bătrân, slăbit şi brăzdat de cicatrici din cauza multor bătălii.

**Buck commença à grogner, mais s'arrêta et renifla le nez du vieux loup.**

Buck a început să mârâie, dar s-a oprit şi i-a adulmecat nasul bătrânului lup.

**Le vieux s'assit, leva le nez et hurla à la lune.**

Bătrânul s-a aşezat, şi-a ridicat nasul şi a urlat la lună.

**Le reste de la meute s'assit et se joignit au long hurlement.**

Restul haitei s-a aşezat şi s-a alăturat urletului prelung.

**Et maintenant, l'appel est venu à Buck, indubitable et fort.**

Şi acum chemarea i-a venit lui Buck, inconfundabilă şi puternică.

**Il s'assit, leva la tête et hurla avec les autres.**

S-a aşezat, şi-a ridicat capul şi a urlat împreună cu ceilalţi.

**Lorsque les hurlements ont cessé, Buck est sorti de son abri rocheux.**

Când urletul s-a terminat, Buck a ieşit din adăpostul său stâncos.

**La meute se referma autour de lui, reniflant à la fois gentiment et avec prudence.**

Haita s-a strâns în jurul lui, adulmecând cu amabilitate și precauție în același timp.

**Les chefs ont alors poussé un cri et se sont précipités dans la forêt.**

Apoi, conducătorii au scos un țipăt și au fugit în pădure.

**Les autres loups suivirent, hurlant en chœur, sauvages et rapides dans la nuit.**

Ceilalți lupi i-au urmat, scheunând în cor, sălbatici și rapizi în noapte.

**Buck courait avec eux, à côté de son frère sauvage, hurlant en courant.**

Buck a alergat cu ei, alături de fratele său sălbatic, urlând în timp ce alerga.

**Ici, l'histoire de Buck fait bien de se terminer.**

Aici, povestea lui Buck se potrivește bine și la sfârșit.

**Dans les années qui suivirent, les Yeehats remarquèrent d'étranges loups.**

În anii care au urmat, familia Yeehat a observat lupi ciudați.

**Certains avaient du brun sur la tête et le museau, du blanc sur la poitrine.**

Unii aveau capul și botul maro și piept alb.

**Mais plus encore, ils craignaient une silhouette fantomatique parmi les loups.**

Dar și mai mult, se temeau de o figură fantomatică printre lupi.

**Ils parlaient à voix basse du Chien Fantôme, chef de la meute.**

Vorbeau în șoapte despre Câinele Fantomă, liderul haitei.

**Ce chien fantôme était plus rusé que le plus audacieux des chasseurs Yeehat.**

Acest Câine Fantomă era mai viclean decât cel mai îndrăzneț vânător Yeehat.

**Le chien fantôme a volé dans les camps en plein hiver et a déchiré leurs pièges.**

Câinele fantomă fura din tabere în miez de iarnă și le rupsea capcanele.

**Le chien fantôme a tué leurs chiens et a échappé à leurs flèches sans laisser de trace.**

Câinele fantomă le-a ucis câinii și a scăpat de săgețile lor fără urmă.

**Même leurs guerriers les plus courageux craignaient d'affronter cet esprit sauvage.**

Chiar și cei mai curajoși războinici ai lor se temeau să înfrunte acest spirit sălbatic.

**Non, l'histoire devient encore plus sombre à mesure que les années passent dans la nature.**

Nu, povestea devine și mai întunecată, pe măsură ce anii trec în sălbăticie.

**Certains chasseurs disparaissent et ne reviennent jamais dans leurs camps éloignés.**

Unii vânători dispar și nu se mai întorc niciodată în taberele lor îndepărtate.

**D'autres sont retrouvés la gorge arrachée, tués dans la neige.**

Alții sunt găsiți cu gâtul sfâșiat, uciși în zăpadă.

**Autour de leur corps se trouvent des traces plus grandes que celles que n'importe quel loup pourrait laisser.**

În jurul corpurilor lor sunt urme – mai mari decât ar putea face orice lup.

**Chaque automne, les Yeehats suivent la piste de l'élan.**

În fiecare toamnă, Yeehats urmează urmele elanului.

**Mais ils évitent une vallée avec la peur profondément gravée dans leur cœur.**

Dar evită o vale cu frica săpată adânc în inimile lor.

**Ils disent que la vallée a été choisie par l'Esprit du Mal pour y vivre.**

Se spune că valea a fost aleasă de Spiritul Rău drept casă a sa.

**Et quand l'histoire est racontée, certaines femmes pleurent près du feu.**

Și când se spune povestea, niște femei plâng lângă foc.

**Mais en été, un visiteur vient dans cette vallée tranquille et sacrée.**

Dar vara, un vizitator vine în acea vale sacră și liniștită.

**Les Yeehats ne le connaissent pas et ne peuvent pas le comprendre.**

Yeehat-ii nu știu de el și nici nu l-ar putea înțelege.

**Le loup est un grand loup, revêtu de gloire, comme aucun autre de son espèce.**

Lupul este măreț, învăluit în glorie, ca niciun altul de felul său.

**Lui seul traverse le bois vert et entre dans la clairière de la forêt.**

El singur traversează copacii verzi și intră în poiana pădurii.

**Là, la poussière dorée des sacs en peau d'élan s'infiltre dans le sol.**

Acolo, praful auriu din sacii din piele de elan se infiltrează în sol.

**L'herbe et les vieilles feuilles ont caché le jaune du soleil.**

Iarba și frunzele bătrâne au ascuns galbenul de soare.

**Ici, le loup se tient en silence, réfléchissant et se souvenant.**

Aici, lupul stă în tăcere, gândind și amintindu-și.

**Il hurle une fois, longuement et tristement, avant de se retourner pour partir.**

Urlă o dată – prelung și trist – înainte să se întoarcă să plece.

**Mais il n'est pas toujours seul au pays du froid et de la neige.**

Totuși, el nu este întotdeauna singur în tărâmul frigului și al zăpezii.

**Quand les longues nuits d'hiver descendent sur les basses vallées.**

Când lungile nopți de iarnă coboară peste văile mai joase.

**Quand les loups suivent le gibier à travers le clair de lune et le gel.**

Când lupii urmăresc vânatul prin lumina lunii și îngheț.

**Puis il court en tête du peloton, sautant haut et sauvagement.**

Apoi aleargă în fruntea haitei, sărind sus și sălbatic.

**Sa silhouette domine les autres, sa gorge est animée par le chant.**

Silueta lui se înalță deasupra celorlalți, gâtul său vibrează de cântec.

**C'est le chant du monde plus jeune, la voix de la meute.**
Este cântecul lumii mai tinere, vocea haitei.
**Il chante en courant, fort, libre et toujours sauvage.**
Cântă în timp ce aleargă — puternic, liber şi veşnic sălbatic.